KB164434

주공단

주나라를 세우고
중국 전통문화를
발전시키다
주공단
周公旦
김학주 지음
연암서가

지은이 김학주

충북 충주에서 태어나 서울대학교 문리과대학을 졸업하고, 국립 대만대학 중문연구소에서 문학 석사 학위를, 그리고 서울대학교 대학원에서 문학박사 학위를 받았다. 서울대학교 교수로 있으면서 중국어문학회 회장을 역임하였고, 현재 서울대학교 인문대학 명예교수·대한민국 학술원 회원이다.
저서로 『중국 문학의 이해』, 『중국 고대의 가무희』, 『중국 문학사』, 『한대의 문인과 시』, 『공자의 생애와 사상』, 『노자와 도가 사상』, 『경극이란 어떤 연극인가』, 『거대 중국을 지탱하는 힘: 가난한 백성들과 전통연예』, 『장안과 낙양 그리고 북경』, 『조조의 재발견』 등이 있으며, 역서로는 『논어』, 『맹자』, 『대학』, 『중용』, 『노자』, 『장자』, 『열자』, 『격몽요결』 등이 있다.

주공 단

2022년 7월 15일 제1판 1쇄 인쇄
2022년 7월 20일 제1판 1쇄 발행

지은이 | 김학주
펴낸이 | 권오상
펴낸곳 | 연암서가

등 록 | 2007년 10월 8일(제396-2007-00107호)
주 소 | 경기도 고양시 일산서구 호수로 896, 402-1101
전 화 | 031-907-3010
팩 스 | 031-912-3012
이메일 | yeonamseoga@naver.com
ISBN 979-11-6087-098-5 93910

값 17,000원

서문

주공 단이라는 인물은 기원전 1122년에 무력으로 은(殷)나라를 쳐부수고 나서 뒤이어 그 밖에 언어와 풍습이 다른 수많은 종족의 여러 나라들도 모두 힘으로 굴복시켜 지금의 중국 땅에 주(周)라는 하나의 큰 나라를 만들어 발전시킨 인물이다. 그는 중국 땅에 큰 제국뿐만 아니라 한 사람의 제왕이 큰 제국을 다스릴 수 있는 봉건제도를 비롯하여 여러 가지 새로운 정치사회제도도 마련하였다. 그리고 한자를 쓰기 시작하면서 새로운 학문과 문화도 발전시켰다. 주공 단이라는 인물이 있었기에 주나라가 발전하였고 이후에도 진(秦)·한(漢)과 수(隋)·당(唐) 등 대제국에 이어 지금의 중국이라는 큰 나라가 존재하고 있는 것이다. 그러나 사람들은 이처럼 큰 주공의 공적을 소홀히 하는 경향이 있기에 이 중요한 사실을 밝히고자 이 책을 쓰게 되었다.

주공은 주나라 첫째 임금 무왕(武王, B.C. 1122-B.C. 1103 재위)의 동생이다.

그러나 무왕과 그를 뒤이은 성왕(成王, B.C. 1104-B.C. 1066 재위) 때에 이르기까지 그는 임금들을 제쳐놓고 나랏일을 모두 도맡아 처리하였다. 주나라 민족은 본래 중국 땅 서북쪽 변두리에서 내려온 싸움밖에 모르는 미개하고도 잔인한 종족이었다. 주공은 폭력으로 커다란 제국을 이룩한 뒤 그 나라를 다스리는 방법으로 자기들보다는 훨씬 개화된 은나라의 문화와 제도를 받아들였고, 은나라 사람들이 점칠 적에 쓰던 갑골문자(甲骨文字)를 한자로 개량하여 상용 문자로 쓰기 시작하였다. 여기에서 중국의 전통적인 정치사회제도와 학술 문화가 발전하게 되는 것이다. 아무튼 이 책 제4장 '주공 단과 경전'을 읽게 되면 누구나가 주나라 민족이 정말로 "싸움밖에 모르는 미개하고도 잔인한 종족"이었을까 의아해질 것이다.

주공의 업적은 무척 위대하다. 진시황도 그를 본받아 제국을 다스리려고 했던 황제였다. 그러나 그의 성격이 잔인하기에 이러한 큰 업적이 가능하였다는 것은 역사적인 모순인 것만 같다.

2022년 4월 15일

저자 씀

차례

제1장

들어가는 말

중국 역사상 주(周)나라(B.C. 1122-B.C. 255)[1]는 기원전 1000년을 전후한 무렵에 중국 땅 전역을 최초로 지배했던 나라이다. 주나라는 다시 서주(西周)시대(B.C. 1122-B.C. 770)와 동주(東周)시대(B.C. 770-B.C. 255)로 나누어지고, 동주시대는 다시 춘추시대(春秋時代, B.C. 722-B.C. 481)와 전국시대(戰國時代, B.C. 403-B.C. 222)로 나누어진다. 주나라의 가장 큰 특징은 주나라의 첫째 임금 무왕(武王, B.C. 1122-B.C. 1103 재위) 발(發)이 출정하여 상(商)나라(B.C. 1751-B.C. 1111) 임금인 주왕(紂王, B.C. 1174-B.C. 1111 재위)을 치면서 황하를 중심으로 하는 서쪽으로부터 동쪽 사이에 있는 여러 나라들도 모두 굴복시켜 온 천하를 다스리는 큰 주나라를 건설하였다는 것이다.

---

1 이 책의 고대 연대 기록은 董作賓·嚴一萍 編 『年代世系表』(臺灣: 藝文印書館 印行)에 의거하였음.

지금의 중국이라는 넓은 땅은 주나라 이전까지는 수많은 부족을 바탕으로 하여 이루어진 여러 작은 부락국가(部落國家)들이 제각기 작은 땅을 나누어 차지하고 있던 복잡한 곳이었다. 반고(班固, 32-92)의 『한서(漢書)』 지리지(地理志)에는 그 시대에 1,800개의 나라가 있었다는 기록이 있다.[2] 그 이전의 주나라는 물론 하(夏)나라(B.C. 2183-B.C. 1750)와 상나라도 모두 작은 지역을 차지하고 있던 부락국가였다. 탕임금(湯, B.C. 1751-B.C. 1737 재위)은 박(亳, 지금의 河南省 偃師縣)을 근거로 세력을 넓히다가 하나라 걸임금(桀, B.C. 1802-B.C. 1751 재위)을 쳐 죽이고, 상(商, 지금의 河南省 商邱縣)을 도읍으로 하여 상나라를 세운 임금이 된다. 상나라의 제17대 황제인 반경임금(盤庚, B.C. 1398-B.C. 1371)이 나라를 은(殷, 지금의 河南省 安陽縣)이란 고장으로 옮긴 뒤에는 나라 이름도 은이라 부르게 된다. 대체로 나라가 있는 고장 이름이 나라 이름이 되기 때문이다. 하나라와 상나라 같은 나라들은 그 당시의 여러 나라들 중 세력이 가장 두드러졌던 나라들이다. 이때 서북쪽에서 극히 야만적인 주(周)라는 민족이 중국 땅으로 내려와 자리를 잡는다. 그때 주 민족의 근거지는 지금의 섬서성(陝西省) 기산현(岐山縣)에 있는 기산(岐山) 아래 부풍(扶風) 근처의 고장이었다. 주 민족은 본래 서북쪽 미개한 땅으로부터 옮겨온 야만적인 민족이었는데, 그곳으로 옮겨와서야 비로소 원시적인 생활에서 벗어나기 시작하였다.

이때 주나라를 이끈 임금이 뒤에 태왕(太王)이라고 부르게 된 고공단

2 班固 『漢書』 地理志; "周爵五等, 而土三等. … 不滿爲附庸, 蓋千八百國. … 周室旣衰, 禮樂征伐自諸侯出, 轉相呑滅, 數百年間, 列國秏盡. 至春秋時, 尙有數十國."

보(古公亶父)였다. 태왕의 손자에 문왕(文王) 창(昌)이라는 인물이 나와 어진 덕으로 나라를 다스리고 백성들을 위하는 정치를 펴서 주나라의 세력이 날로 커졌다. 은(殷)나라 임금은 문왕을 서쪽 제후들 중의 우두머리라는 뜻의 서백(西伯)으로 임명하였다. 문왕이 죽게 되자 그 뒤를 아들 무왕(武王, B.C. 1122-B.C. 1103 재위)이 계승하였다. 무왕은 건강이 좋지 않아 처음부터 동생인 주공이 모든 나랏일을 도왔다. 무왕 12년(1111) 주나라 군대는 은나라를 쳐부수어 주왕이 자살함으로써 은나라가 망하고 무왕이 천자가 되었다.

은나라를 멸한 뒤 주나라 무왕은 은나라 주왕(紂王)의 아들 무경(武庚)을 은나라 옛 땅 패(邶, 河南省 淇縣 북쪽)에 봉해주어 은나라 제사를 이어가게 하였다. 그리고 무왕의 아우인 관숙(管叔) 선(鮮)과 채숙(蔡叔) 도(度)도 그 근처 고장에 봉해주어 은나라 친구들을 감시토록 하였다. 그런데 무왕이 죽고 나이 어린 성왕(成王, B.C. 1104-B.C. 1066 재위)이 뒤잇자 주공이 나라의 정치를 모두 맡아서 처리하게 된다. 그러자 관숙과 채숙은 주공에게 의심을 품고 무경을 충동하여 반란을 일으킨다. 동쪽 땅의 회이(淮夷)와 서융(徐戎) 같은 오랑캐 족속들도 모두 반란에 가세한다. 이에 주나라는 극히 위태로운 국면에 처하게 된다. 이때 주공은 군사를 이끌고 동쪽으로 나가 3년을 두고 어려운 전쟁을 하여 무경과 관숙은 쳐 죽이고 채숙은 멀리 쫓아낸다. 그리고 나서도 동쪽 지방의 50개 나라들을 멸망시켜 위기를 모면하였다. 그리고 나서도 주공은 황하를 중심으로 한 서쪽과 동쪽의 넓은 지역의 작은 나라들을 모두 쳐부수고 하나로 합쳐 주나라라는 큰 나라를 처음으로 건설하게 되는 것이다. 그리고 이 새로운 큰 나라를 다스릴 새로운 여러 가지 제도도 마련한다.

어떻든 중국 땅의 서쪽과 동쪽 지방을 모두 합쳐 주나라라는 큰 나라를 만들어 놓은 것은 이후 중국 역사 발전에 막대한 영향을 끼친 매우 뜻이 깊은 일이었다. 그리고 미개한 주 민족이 이처럼 큰 나라를 건설하여 발전시킬 수 있었던 것은 주 민족에 주공 단이라는 뛰어난 인물이 나타난 덕분이었다.

주나라 초기의 영역은 그다지 넓지 않았다. 주나라가 나라의 터전을 잡은 뒤에도 서쪽은 섬서성 기산 근처에서 시작하여 동쪽은 바다에까지 이르렀고, 북쪽은 하북성(河北省) 보정(保定)과 천진(天津)시 근처에서 남쪽은 호북성(湖北省)의 한수(漢水)와 하남성(河南省)의 여하(汝河) 근처에 이르는 지역이 그들의 영역이었다. 대략 지금의 섬서(陝西)·산서(山西)·하남(河南)·하북(河北)·산동(山東)·안휘(安徽)의 여러 성과 강소성(江蘇省)의 북부가 포함되는 지역이다. 보통 동주(東周)시대(B.C. 770-B.C. 255)는 춘추시대(春秋時代, B.C. 722-B.C. 481)와 전국시대(戰國時代, B.C. 403-B.C. 222)[3]로 이루어진다고 생각하고 있지만 여기에는 많은 차이가 있으니 주의를 요한다. 전국시대에는 여러 제후들이 서로 싸우면서 각자 자기 영토를 넓히기에 힘쓴 결과, 주나라 영역이 북쪽으로는 지금의 만리장성이 뻗어 있는 지역 일대에까지 이르렀고, 남쪽으로는 장강(長江) 남쪽 지방에까지 다다르게 되었던 것이다. 물론 그러한 변두리 지역에는 천자의 힘이 전혀 미치지 못하였다. 그러나 이를 바탕으로 뒤

3 진시황이 B.C. 221년에 마지막으로 齊나라를 쳐서 천하를 통일했으므로 전국시대는 이 해에 끝이 난다.

에 진(秦)나라(B.C. 221-B.C. 207) 시황제(始皇帝, B.C. 246-B.C. 208 재위)가 황하 유역에 더해 장강(長江) 유역의 남쪽 지방까지 합쳐 천하의 통일을 이룩하는 대중국을 완성하여 놓게 된다.

주나라 무왕은 본래 호(鎬, 지금의 산시성 시안 서남 지역)를 도읍으로 하여 천하를 다스렸는데 12대 유왕(幽王, B.C. 781-B.C. 771 재위)에 이르러는 임금이 소인들과 어울리고 여색에 빠져서 정치를 그르치게 되었다. 특히 포사(褒姒)라는 애첩에게 빠져서 황후와 태자를 몰아낸 뒤 포사가 낳은 아들을 태자로 삼았다. 쫓겨난 태자 의구(宜臼)는 외가인 신(申)나라(지금의 河南省 南陽縣 북쪽 지역)로 도망가 있었는데, 의구는 신나라 임금과 함께 손을 잡고 서쪽 오랑캐 견융(犬戎)과 결탁하여 주나라를 공격하게 되었다. 곧 견융군은 여산(驪山, 지금의 陝西省 臨潼縣에 있음) 아래에서 유왕을 죽여(B.C. 771) 서주(西周)는 마침내 망하게 되었다. 유왕이 죽자 제후들은 곧 태자 의구를 임금으로 모셨는데 이이가 동주의 첫째 임금인 평왕(平王, B.C. 770-B.C. 720 재위)이다. 전쟁으로 호경은 황폐해졌으므로 평왕은 도읍을 동쪽의 낙양(洛陽)으로 옮겨 이때부터 동주시대가 시작되는 것이다. 동주시대는 다시 춘추시대와 전국시대로 나누어진다. 춘추시대는 공자(B.C. 552-B.C. 479)가 쓴 『춘추(春秋)』를 바탕으로 하여 생겨난 칭호이다. 공자의 『춘추』의 기록은 노(魯) 은공(隱公) 원년(周 平王 49년, B.C. 722)에 시작하여 노 애공(哀公) 14년(周 敬王 39년, B.C. 481)에 끝나고 있다. 시작되고 끝나는 연대가 춘추시대와 완전히 합치하지 않지만 대체로 모두 그렇게 받아들이고 있다. 특히 『춘추』 앞머리는 평왕 49년부터 시작되고 있으므로 평왕 원년으로부터 48년에 이르는 48년간의 기록은 없는 셈이다.

서주시대에는 천자가 다스리는 지역 안에 낙양 부근의 평야보다도 넓은 관중평원(關中平原)을 차지하고 있었다. 그리고 천자가 큰 능력을 갖고 있어서 사방의 제후들이 모두 천자에게 순종하였다. 따라서 튼튼한 천자의 예악(禮樂)과 형정(刑政) 아래 봉건적인 제국이 잘 지탱되어 발전하고 있었다.

동주시대로 들어와서는 사정이 크게 달라진다. 천자가 지배할 수 있는 지역이 오직 낙양 부근의 황하 양쪽 가의 땅으로 줄어든다. 다시 양왕(襄王) 17년(B.C. 635)에는 황하 북쪽 기슭의 땅은 모두 진(晉)나라에게 주어져서, 주나라 천자의 능력은 매우 작아진다. 능력으로 보아서는 전혀 천자라고 부를 수가 없을 정도의 처지가 된 것이다.

도읍이 낙양으로 옮겨진 동주시대 초기에는 하남성(河南省) 신정(新鄭) 부근의 정(鄭)나라가 비교적 강한 국력을 갖고 있어서 산서성(山西省)의 진(晉)나라와 함께 천자를 보호해 주고 있었다. 그러나 정나라는 나라 토지도 별로 좋지 않아 강한 나라라는 지위를 오래 유지하지 못하고 곧 제(齊)나라에게 빼앗기게 된다. 제나라는 환공(桓公, B.C. 685-B.C. 643 재위)이 즉위하여 관중(管仲, ?-B.C. 645)을 재상으로 삼고 나라의 군사와 재정을 개혁하여 나라를 크게 발전시킨다. 제 환공은 '천자를 존중하고 오랑캐를 물리친다'는 '존왕양이(尊王攘夷)'의 구호를 내걸고 여러 제후들을 불러 모아 10여 차례의 회의를 열어 스스로 제후의 영수가 된다. 제나라 환공 뒤에는 진(晉) 문공(文公, B.C. 636-B.C. 628 재위)이 제후들의 영수가 된다. 그리고 서북쪽에는 진(秦)나라가 강성해지고 있었다. 이때 남쪽 땅(丹陽, 지금의 湖北省 秭歸 동쪽)을 봉해 받은 초(楚)나라가 크게 국력을 신장시킨 뒤 북쪽으로 중원 땅까지 침략하기 시작하였다. 초나라는 임금이 제후가 아니라 천자나 같은 나라라고 자처하고 있었다. 다시 그 동쪽에는 오(吳)나라와 월(越)나라가 일어나 세력을 키우기 시작하였다. 그 밖에도 작은 나라들이 많았지만 그래도 모두 능력도 없는 천자를 떠받들어 질서를 유지하였는데 이 시기가 춘추시대(B.C. 722-B.C. 481)이다.

그러나 춘추시대 만년에는 진(晉)나라도 한(韓)·위(魏)·조(趙) 등 여러 나라로 쪼개지고 '존왕양이'의 개념도 흐려져 여러 나라들이 서로 싸우며 전국시대(B.C. 403-B.C. 222)로 돌입한다. 전국시대에는 결국 전국칠웅(戰國七雄)이라 부르는 제(齊)·초(楚)·진(秦)·한(韓)·조(趙)·위(魏)·연(燕)의 일곱 나라가 남아 서로 싸우게 된다. 그리고 주나라는 결국 가장 강해진 진(秦)나라에 의해 멸망한다. 진나라 시황제(始皇帝, B.C. 246-B.C. 208 재위)는 결국 넓은 중국 땅의 동서남북을 모두 합쳐 기원전 221년에 천하를 통일하게 된다.

그리고 다시 그 뒤를 한(漢, B.C. 206-A.D. 220)·위(魏, 220-265)·진(晉, 265-420)·남북조(南北朝, 420-581)·수(隋, 581-618)·당(唐, 618-907)·송(宋, 960-1127)·금(金, 1115-1234)·원(元, 1260-1368)·명(明, 1368-1661)·청(淸, 1661-1911) 등의 대제국들이 이어간다. 이러한 대중국의 역사가 전개될 수 있는 바탕을 마련한 이가 바로 주공 단이었던 것이다.

주공 단(旦, ?-B.C. 1105)은 중국 역사상 가장 위대하다고 할 만한 인물이다. 주공 단의 '단'은 그의 이름이다. 그러나 일반적으로 그의 이름은 생략하고 그를 주공이라고만 부른다. 후세에 와서도 중국 땅에 이처럼 큰 나라들이 계속 이어져가게 되는 바탕은 일찍이 주공이 마련해 놓은 것이니 주공이 중국 역사 발전에 끼친 공로는 무척 크다고 할 수가 있다. 곧 주공이 이루어 놓은 주나라를 바탕으로 하여 지금에 이르기까지 중국 역사상 수천 년을 두고 중국이라는 큰 나라들이 이어져 온 것이다. 중국이라는 영토뿐만 아니라 그곳에 살고 있는 민족인 한족(漢族)과 그들의 전통문화가 이루어져 발전하는 바탕도 주공이 모두 함께 이루어 놓았음은 두말할 필요도 없다. 보통 주나라를 세운 것은 주나라의 첫째 임금인 무왕(武王, B.C. 1122-B.C. 1103 재위) 발(發)이라고 생각하고 있지만, 실제로 주나라를 이룩하는 데 있어서는 무왕보다도 주공의 공로가 훨씬 더 컸다.

주공과 무왕은 주나라 문왕(文王, B.C. ?-B.C. 1122 재위)의 아들이다. 그리고 주공은 무왕의 친동생이다. 곧 이어 설명할 예정이지만 무왕은 본래 건강이 그다지 좋지 못했던 것 같다. 은나라를 칠 적에도 주공은 언제나 무왕을 도우며 주동적으로 활약하였고, 무왕은 주나라를 세운 뒤 나라를 제대로 다스려 보지도 못하고 몇 년 뒤에 죽어버린다. 무왕을 뒤이어 어린 성왕(成王, B.C. 1104-B.C. 1066 재위)이 임금 자리에 오르지만 너무 어려서 성왕은 나라를 다스릴 능력이 없었다. 이 때문에 주나라가 세워진 뒤 무왕을 뒤이어 성왕이 임금 자리에 오른 다음에도 계속 주공이 주나라를 다스리게 된다. 성왕 때 주공은 임금을 보좌(輔佐)한 것이 아니라 직접 임금 자리에 앉아 있었다고 보는 이들도 있다. 『순자(荀子)』에는 아직 주나라의 터전이 굳건하지 못했으므로 주공이 직접 무왕을 뒤이어 임금 자리에 앉았었다는 기록이 있다.[4] 그러나 주공은 주나라를 다스리다가 7년이 지난 뒤 성왕이 어느 정도 성장을

---

4 『荀子』儒效; "武王崩, 成王幼, 周公屛成王而及武王以屬天下, 惡天下之倍周也."

하자 나라 다스리는 일을 성왕에게 넘겨주고 주공 자신은 신하 자리에 내려앉았다고 한다.[5] 여하튼 초기에 주나라를 세우고 다스려 발전시킨 사람은 무왕이나 성왕 같은 주나라 황제가 아니라 실은 그들 밑의 주공이었던 것이다.

주나라 민족은 본래 지금의 섬서성(陜西省) 순읍현(栒邑縣) 서쪽의 빈(豳)이라는 고장에 살던[6] 지극히 미개한 민족이었다. 뒤에 태왕(太王)이라고도 부르게 된 고공단보(古公亶父)라는 임금이 나와 다른 오랑캐들과의 싸움을 피하고 자기 부족의 희생을 막기 위하여 기산(岐山, 陜西省 岐山縣에 있음) 아래로 옮겨온 뒤 처음으로 집을 짓고 사람답게 살기 시작하였다고 한다. 그러니 주나라는 지극히 미개한 야만의 나라였음을 알 수 있을 것이다. 태왕의 아들 계력(季歷)이 뒤를 이었는데 그가 은(殷)나라에 의하여 주후(周侯)로 봉해져서 후세에는 그를 공계(公季) 또는 왕계(王季)라 부르게 된다.[7] 어떻든 여기에서 공식적으로 주나라가 성립되었던 것이다. 다만 이때의 주나라는 작은 부락국가 중의 하나였다. 공계의 아들 문왕(文王) 창(昌)은 조상들의 법도를 받들고 덕을 닦으며 선비들을 잘 대우하여 많은 사람들이 그를 따라 주나라의 세력이 보다 강해졌다. 은(殷)나라에서는 문왕을 다시 서쪽의 제후들을 거느리는 서백(西伯)으로 임명하였다.[8] 문왕은 부인 태사(太姒)와의 사이에 많은 아들을 낳았는데, 무왕 발(發)과 주공 단(旦)은 그 아들들 중

---

5 『史記』 卷4 周本紀; "周公行政七年, 成王長, 周公反政成王, 北面就群臣之位."

6 『史記』 卷4 周本紀; "公劉卒, 子慶節立, 國於豳."

7 『史記』 卷4 周本紀; "古公卒, 季曆立, 是爲公季. 公季則古公遺道, 篤於行義, 諸侯順之."

8 『史記』 卷4 周本紀; "公季卒, 子昌立, 是爲西伯. 西伯曰文王, 遵稷·公劉之業, 則古公·公季之法, 篤仁, 敬老, 慈少, 禮下賢者, 日中不暇食以待士, 士以此多歸之."

에서도 가장 현명한 인물이었다.[9] 역사 기록에는 은나라를 멸하고 새로운 나라를 세워 온 천하를 다스리라는 하늘의 명령인 천명(天命)을 문왕이 먼저 받았다고도 한다.[10] 그가 천명을 이루지 못하고 죽는 바람에 아들 무왕이 천명을 이루게 된 것이라는 뜻이다. 이것은 하늘을 전지전능한 분이라고 본다면 말도 안 되는 소리이다. 그러나 이러한 말이 생겨나게 된 것은 서백 문왕을 무왕보다도 높이 떠받드는 주공 같은 후세 자손들의 움직임 때문이라고 보아야 할 것이다. 여하튼 미개한 주나라에 주공 같은 인물이 나왔던 덕분에 주나라가 은나라와 많은 작은 나라들을 모두 쳐부수고 온 세상을 다스리는 천자의 나라로 발전할 수 있었던 것이다.

『일주서(逸周書)』 같은 데에는 은나라 주왕(紂王, B.C. 1174-B.C. 1111 재위)을 친 다음 날 무왕이 주공과 소공을 비롯한 여러 신하들과 함께 은나라 안의 토지의 신을 모신 사(社)로 들어가 제사를 지내면서 이전에 받은 천명을 재확인하는 기록이 있다. 그 기록을 보면 먼저 하늘을 제사 지낸 뒤 다시 사관인 윤일(尹逸)이 다음과 같은 제문을 읽는다.

> "은나라의 끝머리 자손 주왕은 선조의 밝은 덕은 져버리고 신들을 멸시하여 제사를 받들지 아니하고 상나라 백성들을 무식하고 포악하게 대하여 그 밝게 드러난 행위가 하늘의 상제(上帝)에게까지 알려졌습니다."

---

9 『史記』 卷35 管蔡世家; "同母昆弟十人, 唯發·旦賢, 左右輔文王. 故文王舍伯邑考, 而以發爲太子."

10 『史記』 卷4 周本紀; "諸侯聞之, 曰; 西伯蓋受命之君."

그러자 무왕은 머리를 숙이고 두 번 절을 한다. 다시 사관 윤일이 읽는다.

> "위대한 명령을 받아들여 은나라를 물리치고 밝은 천명(天命)을 받아들이시오."

무왕은 다시 머리를 숙이고 두 번 절한 뒤 밖으로 나간다.[11]

이 기록에 의하면 무왕은 은나라 주왕을 쳐서 잡아 죽인 다음에 자신이 "받은 하늘의 명(受天明命)" 곧 천명을 재확인하고 있는 것이다. 『사기』 주본기(周本紀)에도 목야(牧野)의 싸움이 끝난 뒤 무왕은 은나라 궁전으로 들어가 사(社)에서 제사를 지내면서 주왕의 죄를 하늘과 은나라 백성들에게 알렸다고 그때의 기사를 싣고 있는데, 천명이란 말은 보이지 않고 "수천명명(受天明命)"이라 쓰여 있지만 역시 무왕이 천명을 받고 주왕을 쳤음을 역설하는 글이다.[12] 이 천명이라는 말은 주나라가 은나라만을 굴복시켰을 뿐만 아니라 다른 작은 나라들도 모두 굴복시켜 온 천하를 다스리게 된 것임도 가리키고 있는 것이다.

주공은 이름이 단(旦)이고 무왕의 아우이며, 서백(西伯) 문왕(文王)의

---

11 『逸周書』 克殷解 四十六; "翼日, 除道修社及商紂宮. … 周公把大鉞, 召公把小鉞, 以夾王. … 王入, 卽位于社. … 尹逸筴曰; 「殷末孫受, 德迷先成湯之明, 侮滅神祇不祀, 昏暴商邑百姓, 其章顯聞于昊天上帝.」 武王再拜稽首. 「膺受大命革殷, 受天明命.」 武王又再拜稽首, 乃出."

12 『史記』 卷4 周本紀; " 武王九年, 東伐至盟津, 周公輔行. 十一年, 伐紂, 至牧野, 周公佐武王, 作牧誓. 破殷, 入商宮. 已殺紂, 周公把大鉞, 召公把小鉞, 以夾武王, 釁社, 告紂之罪于天及殷民."

아들이다. 문왕의 정비인 태사(太姒)에게는 맏아들 백읍(伯邑) 고(考)와 무왕 발(發)·주공 단(旦) 등 열 명의 아들이 있었다고 한다.[13] 그 밖에 여러 명의 이복형제들도 있었다 하나 확실히 몇 명이나 있었는지 알 수는 없다. 그런데 그중 무왕 발과 주공 단이 가장 현명하여 아버지 문왕의 일을 잘 보좌하였으므로 문왕은 맏아들 백읍 고를 제쳐놓고 무왕 발을 태자로 정하고 마침내 그가 문왕의 후계자가 되었다.[14] 그리고 본래 주공의 성은 주나라 왕실을 따른다면 희(姬) 씨지만[15] 옛날 중국에서는 임금이나 명인들을 부를 때 성과 이름은 잘 쓰지 않고 임금의 호칭이나 받은 작위(爵位)를 많이 썼다. 주(周)는 본래 기산 아래 지명이었다. 주나라가 세워진 뒤에 이전의 주나라의 선조인 태왕(太王)이 야만의 땅으로부터 내려와서 자리 잡았던 곳이 바로 주라는 곳이었다. 뒤에 그 지방이 주공에게 다스리는 땅으로 주어졌기 때문에 그를 주공이라 부르게 된 것이다.[16]

은나라 최후의 임금인 주왕은 술과 여자를 좋아하여 밤낮으로 멋대로 즐기며 나라는 내팽개치고 이른바 주지육림(酒池肉林) 속에 살았다 한다.[17] 이에 비하여 주나라의 서백으로 있던 문왕은 백성들을 위해주며 덕으로 나라를 다스려 여러 고장의 사람들이 그를 따르게 되었고

---

13 『史記』 卷35 管蔡世家; "武王同母兄弟十人. 母曰太姒, 文王正妃也. 其長子曰伯邑考, 次曰武王發, 次曰管叔鮮, 次曰周公旦, 次曰蔡叔度, 次曰曹叔振鐸, 次曰成叔武, 次曰霍叔處, 次曰康叔封, 次曰冉季載. 冉季載最少."

14 『史記』 卷35 管蔡世家; "唯發·旦賢, 左右輔文王, 故文王舍伯邑考而以發爲太子."

15 『史記』 卷4 周本紀; "帝舜曰; '棄, 黎民始爾稷播時百.' 封棄於邰, 號曰稷, 別姓姬氏."

16 唐 司馬貞 『史記索隱』; "周, 地名, 在岐山之陽. 本太王所居, 後以爲周公之采邑, 故曰周公."

17 『史記』卷3 殷本紀; "帝紂… . 好酒淫樂, 嬖於婦人. 愛妲己, 妲己之言是從. … 大聚樂戱於沙丘, 以酒爲池, 縣肉爲林, 使男女裸相逐其後, 爲長夜之飮."

나라의 세력도 무척 커졌다. 이 때문에 하늘에서 내린다는 천하를 다 스리라는 천명이 자연스럽게 주나라 문왕에게로 돌아가게 된 것이다.

주공은 이러한 훌륭한 아버지 문왕 밑에서는 효도를 다 했고, 형인 무왕이 임금 자리에 오른 뒤에는 무왕을 도와 은나라를 무찌르는 일에서 시작하여 모든 나랏일에 적극적으로 참여하여 크게 공헌을 한다. 주나라가 건국된 다음 나라의 공신들을 여러 지방 나라 제후로 봉할 적에 주공은 지금의 산동성(山東省) 곡부(曲阜)가 있는 노(魯)나라에 봉해졌었다고 하는데, 그것은 주공이 봉건제도를 시행했을 적의 일이다. 주공이 노나라에 봉해졌다고 하지만 실은 처음부터 자신이 아니라 아들인 백금(伯禽)을 노나라 임금으로 삼으려는 뜻을 갖고 있었던 것 같다. 자기는 그대로 남아 무왕을 도우며 나랏일을 맡아 처리해야 했기 때문이다.[18]

그 시대의 역사를 기록한 한(漢)나라(B.C. 206-A.D. 220) 사마천(司馬遷, B.C. 145?-B.C. 86?)의 『사기(史記)』 노주공세가(魯周公世家)에는 앞머리에 주공에 대하여 이렇게 쓰고 있다.

> "주나라 문왕(文王)이 살아계실 적부터 주공 단은 아들로서 효성이 지극하고 성실하고 어질어서 다른 아들들과는 남달랐다. 무왕이 임금 자리에 오른 다음에 주공 단은 늘 무왕을 도와주었고 일처리를

18 『史記』 卷4 魯本紀; "周公旦者, 周武王弟也. 自文王在時, 旦爲子孝, 篤仁, 異於群子. 及武王卽位, 旦常輔翼武王, 用事居多. 武王九年, 東伐至盟津, 周公輔行. 十一年, 伐紂, 至牧野, 周公佐武王, 作「牧誓」. 破殷, 入商宮. 已殺紂, 周公把大鉞, 召公把小鉞, 以夾武王, 釁社, 告紂之罪于天, 及殷民. … 遍封功臣同姓戚者. 封周公旦於少昊之虛曲阜, 是爲魯公. 周公不就封, 留佐武王."

가장 많이 하였다."[19]

주공에게는 앞에서 밝힌 것처럼 무왕 이외에도 관숙(管叔) 선(鮮)·채숙(蔡叔) 도(度)·곽숙(霍叔) 처(處)·강숙(康叔) 봉(封) 등 모두 10명의 친형제가 있었다. 주공은 그의 많은 형제들 중에서도 모든 면에서 가장 뛰어난 인물이었다. 그리고 임금인 형 무왕은 건강이 좋지 않아 나랏일을 제대로 처리할 수가 없었기 때문에 실제로 주나라는 처음부터 주공이 세우고 주공이 다스린 셈이었다. 주나라 첫째 임금 무왕(武王, B.C. 1122-B.C. 1103 재위)이 임금 자리에 몇 년 앉아 있지도 못하고 죽은 뒤에는 다시 어린 무왕의 아들 성왕((成王, B.C. 1104-B.C. 1066 재위)이 뒤를 이었는데 그는 나라를 다스릴 능력이 없었으므로 계속하여 주공이 임금처럼 그를 대신하여 나라를 다스렸다.

그리고 무왕이 은나라 주왕을 칠 적에도 주공은 처음부터 끝까지 무왕을 도와 마침내 은나라를 멸망시키는데 가장 큰 공을 세웠다. 이에 황하 유역을 중심으로 하는 중국의 북쪽 지방의 동쪽과 서쪽 지역이 비로소 한 나라로 통합되어 주라는 큰 나라가 이루어지게 된다. 큰 주나라가 이루어진 뒤 무왕은 호(鎬, 지금의 陝西省 長安縣 근처)를 도읍으로 삼는다. 보통 호경(鎬京)이라 부르는 도읍이다. 아버지 문왕이 도읍으로 삼았던 풍(豐, 지금의 陝西省 鄠縣 동쪽)과 가까운 곳에 있는 도시이다.

주나라 이전의 중국 땅 안에는 하(夏)나라(B.C. 2183-B.C. 1750)와 상(商)

---

19 『史記』 卷33 魯周公世家; "自文王在時, 旦爲子孝, 篤仁異於羣子. 及武王卽位, 旦常輔翼武王, 用事居多."

나라(B.C. 1751-B.C. 1111) 같은 나라들 이외에도 그들 안팎으로 수많은 부족(部族)들이 많은 작은 부락국가(部落國家)들을 이루고 있었다. 하나라 은나라 같은 나라들은 그들 중에서 세력이 강하여 여러 부락국가들을 지배하고 있던 대표적인 나라였다. 반고(班固, 32-92)의 『한서(漢書)』 지리지(地理志)에 의하면 주나라 초기에도 1800개의 나라가 있었다고 한다.[20] 주나라 무왕이 은나라 주왕(紂王)을 칠 적에 먼저 목야(牧野, 지금의 河南省 淇縣 남쪽 지역)라는 곳으로 진출하여, 주나라 장병과 주나라를 따르는 나라의 군사들을 모아놓고 앞으로 전개될 전쟁에 대한 훈시를 하였다. 그때 훈시한 글이 『서경』 주서(周書)에 「목서(牧誓)」라는 글로 남아 전하는데 이것도 실은 주공이 지은 글이다. 그 글에는 그때 모인 서북쪽의 변경 유목민으로 용(庸)·촉(蜀)·강(羌)·무(髳)·미(微)·노(盧)·팽(彭)·복(濮) 등 여덟 부족의 이름이 보인다.[21] 이 부족들은 또 제각기 작은 몇 개의 나라를 다스리고 있었을 것이다.

주나라가 은나라를 쳐부순 뒤 그 밖의 여러 나라들도 모두 굴복시키고 중국의 황하 유역 서쪽과 동쪽 지방을 합쳐 한 나라를 만든 뒤에야 한 사람의 임금인 천자(天子)가 중국 땅을 전부 다스리는 제도가 이루어지게 된다. 그때 이 큰 나라를 건국하고 이 큰 나라를 다스리는 여러 가지 제도를 마련한 이가 주공이다. 그리고 주공은 문화가 발전한 은나라의 여러 가지 제도를 받아들여 새로운 주나라 문화를 발전

---

20 班固 『漢書』 地理志; "周爵五等, 而土三等. … 不滿爲附庸, 蓋千八百國. … 周室旣衰, 禮樂征伐自諸侯出, 轉相呑滅, 數百年間, 列國秏盡. 至春秋時, 尙有數十國, 五伯迭興, 總其盟會. 陵夷至於戰國, 天下分而爲七. 合從連衡, 經數十年, 秦遂幷兼四海."

21 『書經』 周書 「牧誓」; "王朝至于商郊牧野, 乃誓. … 庸·蜀·羌·髳·微·盧·彭·濮人!"

시킨다. 은나라를 멸망시킨 주나라는 미개한 야만적인 민족의 나라이고, 패망한 은나라는 상당히 문화가 발전하였던 나라임을 염두에 두어야 한다. 주공은 은나라를 정벌하면서 은나라의 발전한 여러 가지 정치사회제도와 문화를 열심히 받아들여 새로운 주나라를 건설하고 다스렸던 것이다. 이렇게 하여 주나라가 제 자리를 잡게 되자 이후의 중국 역사를 전개시킬 새로운 천하(天下)와 한족(漢族)의 바탕이 비로소 마련되는 것이다. 곧 후세에 우리가 중국이라고 부르는 큰 나라와 중국 민족 및 중국 문화가 여기에서 형성되기 시작하는 것이다.

이러한 대중국과 중국 민족이 이룩되어 발전하는 데에는 주공의 역할이 가장 컸다. 『맹자』를 비롯하여 사마천(司馬遷, B.C. 145?-86?)의 『사기』와 『일주서(逸周書)』 등에도 모두 주나라 무왕이 은나라를 칠 적에 주공이 계속 무왕과 함께하며 그 일을 도왔음을 기록하고 있다.[22] 기원전 1122년에 무왕 발(發)이 은나라 주 임금을 정벌하고 온 천하를 다스리는 주나라를 건국하는데, 이때 주공은 무왕과 행동을 함께하며 이 일에 주동적인 역할을 하였다.

그런데 무왕은 천하를 다스리는 위대한 황제가 되었는데도 제대로 나라를 다스리지 못하고 병들어 눕는다. 이때 주공이 조상들에게 제사를 올리면서 만약 무왕의 병이 위중하여 잘 낫지 않는 병이라면 자신을 무왕 대신 그 병을 앓다가 죽게 해달라고 빌었다. 이때 주공이

22 『孟子』 滕文公 下; "周公相武王, 誅紂伐奄."
『史記』 卷33 魯周公世家; "武王九年, 東伐至盟津, 周公輔行. 十一年, 伐紂, 至牧野, 周公佐武王, 作牧誓. 破殷, 入商宮. 已殺紂, 周公把大鉞, 召公把小鉞, 以夾武王, 釁社."
『逸周書』 卷6 明堂; "以周公相武王以伐紂, 夷定天下."

빈 글이 『서경』 주서(周書)에 「금등(金縢)」이라는 편명 아래 남아 전해지고 있다.[23] 주공이 기도를 드린 덕분에 무왕의 병이 잠시 쾌유되었으나 다시 무왕은 곧 병이 도져 죽어버린다. 『사기』에는 주본기(周本紀)와 봉선서(封禪書)에 무왕이 은나라를 쳐부수고 주나라를 세운 뒤 2년 만에 죽었다고 기록하고 있다.[24] 유안(劉安, B.C. 179-B.C. 122)의 『회남자(淮南子)』 같은 데에는 무왕은 주나라를 세운 지 3년 만에 죽었다 하였고,[25] 그 밖에 6년 혹은 7년 만에 죽었다는 기록도 있으나[26] 모두가 정확한 기록이라 할 수는 없는 것이니 무왕은 은나라를 정벌한 지 몇 년 못 가서 곧 죽었다고 이해하는 수밖에는 없을 것이다. 이 때문에 주나라를 세우는 일에서 비롯하여 새로 세운 그 나라를 다스리는 일까지도 실제로는 모두 주공이 맡아서 하였다고 보아야만 할 것이다.

무왕이 죽자 임금 자리를 어린 성왕이 뒤를 잇는데, 한대 사마천의 『사기』와 유안의 『회남자』에는 그때 성왕은 포대기에 싸여 있는 어린 아기였다고 하였다.[27] 일부 학자 중에는 그때 성왕의 나이가 여섯 살

---

23 『書經』 周書 「金縢」 序; "武王有疾, 周公作 「金縢」."
『史記』卷33 魯周公世家; "武王克殷二年, 天下未集, 武王有疾, 不豫, 群臣懼, 太公·召公乃繆卜. 周公曰; "未可以戚我先王." 周公於是乃自以爲質, 設三壇, 周公北面立, 戴璧秉圭, 告于太王·王季·文王. 史策祝曰: "惟爾元孫王發, 勤勞阻疾. 若爾三王是有負子之責於天, 以旦代王發之身. …." 이때 주공이 조상들에게 빈 글이 『書經』의 「金縢」 편이다.

24 『史記』 周本紀; "武王已克殷, 後二年, …武王病, … 周公乃祓齋, 自爲質, 欲代武王, 武王有瘳, 後而崩."
『史記』 封禪書; "武王已克殷二年, 天下未寧而崩."

25 『淮南子』 要略; "武王立, 三年而崩."

26 『逸周書』 明堂; "周公相武王而伐周, … 旣克紂, 六年而武王崩."
『管子』 小間; "武王伐殷克之, 七年而崩." 여기에 기록하고 있는 周武王의 在位年度도 여기에 속한다.

또는 열 살이었다는 등의 여러 가지 주장을 하는 학자들도 있으나[28] 모두 확실치 않다. 다만 성왕이 임금 자리에 올랐으되 나라를 다스릴 수 없는 무척 어린 나이였다는 것만은 틀림없는 사실이다. 이에 주공 단이 성왕을 대신하여 나랏일을 맡아 처리하게 된다. 그러니 무왕 때부터 시작하여 주공이 주나라를 세운 뒤 주나라 다스리는 일도 계속 도맡아 처리해 왔던 것이다. 주공은 어린 성왕을 대신하여 7년 동안 나라를 다스린 다음 성왕이 이제는 나라를 다스릴 수 있을 만큼 나이가 찼다고 생각하고 정권을 성왕에게 되돌려주었다 한다.[29] 성왕이 나라의 정권을 맡아 다스리게 된 뒤에도 주공은 일정 기간 나라의 정치를 돌보아주었고, 또 이후에도 계속 자기가 생각하고 있는 방식으로 나라를 다스리도록 이끌어 주었다. 그리고 주공이 태재(太宰)가 되었다고도 하는데,[30] 태재는 총재(冢宰)라고도 하였으며 육경(六卿) 가운데의 하나인 높은 벼슬이었다. 주공이 한때 직접 성왕을 물리치고 임금 자리에 올라 나라를 다스렸다고 주장하는 학자도 있다.[31] 어떻든 주나라는 주공에 의하여 세워지고, 또 주나라가 세워진 뒤 임금 자리에는 무왕과 성왕이 앉아 있었지만 실제로 그 나라를 다스린 사람은 주공이었음이 틀림없는 사실이다.

---

27 『史記』卷33 魯周公世家; "其後武王旣崩, 成王少, 在强葆之中."
『淮南子』要略; "武王立三年而崩, 成王襁褓之中, 未能用事."

28 賈誼(B.C. 200-B.C. 168) 『新書』 修政語 下; "成王年六歲卽位享國."
『書經』 周書 金縢 「疏」 鄭玄(127-200); "武王崩時, 成王季十歲."

29 『史記』 卷4 周本紀; "周公行政七年, 成王長, 周公反政成王, 北面就群臣之位."

30 『左傳』 定公 四年; "周公爲太宰."

31 『荀子』 儒效; "武王崩, 成王幼, 周公屛成王而及武王以屬天下, 惡天下之倍周也."

무왕은 은나라를 쳐부순 뒤 은나라 주임금의 아들 무경(武庚) 녹보(祿父)[32]를 은나라 땅에 봉해주어 그들 조상의 제사를 이어갈 수 있도록 해주었다. 그리고 자신의 형제인 관숙(管叔)과 채숙(蔡叔)을 그곳 나머지 땅에 봉해주어 함께 지내면서 그들을 감시하도록 하였다.[33] 그런데 그때 아직 주나라 정치의 터전이 제대로 잡히지 않은 기회를 이용하여 은나라 무경은 주공의 본심을 의심하는 주공의 형제인 관숙과 채숙을 부추기고 또 은나라 계열의 회이(淮夷)와 서융(徐戎) 같은 오랑캐족의 나라들과도 연합하여 반란을 일으킨다.[34] 이 반란을 '삼감지란(三監之亂)'이라 부르기도 하는데 이 경우 삼감이란 무경과 관숙·채숙을 가리킨다.[35] 뒤에 자세히 논할 예정이지만 주공은 이때 직접 군대를 이끌고 동쪽의 이들 반란군 정벌에 나서서 무경을 잡아 죽이고 반란을 평정하였다. 그러고도 다시 동쪽 지방으로 진출하여 3년에 걸쳐 남아 있는 은나라 세력을 무찌르고 은 만족을 따르던 동이족의 여러 나라들을 쳐부수었다.[36] 은나라 민족을 제압한 뒤 주공은 은나

---

32 武는 姓이고, 祿父는 그의 이름임.

33 『史記』 卷4 周本紀; "封商紂子祿父殷之餘民. 武王爲殷初定未集, 乃使其弟管叔鮮·蔡叔度相祿父治殷."

34 『史記』卷33 魯周公世家; "封紂子武庚祿父, 使管叔·蔡叔傅之, 以續殷祀."

35 『書經』 周書 「大誥」 序; "武王崩, 三監及淮夷叛."
『漢書』 卷28 地理志; "周旣滅殷, 分其畿內爲三國, 詩風邶·庸·衛國是也. 邶, 以封紂子武庚; 庸, 管叔尹之; 衛, 蔡叔尹之, 以監殷民, 謂之三監. 故書序曰; '武王崩, 三監畔, 周公誅之.' "

36 『史記』卷4 周本紀; "成王少, 周初定天下, 周公恐諸侯畔周, 公乃攝行政當國. 管叔·蔡叔群弟疑周公, 與武庚作亂, 畔周. 周公奉成王命, 伐誅武庚·管叔, 放蔡叔. … 管·蔡畔周, 周公討之, 三年而畢定." 又; "召公爲保, 周公爲師, 東伐淮夷, 殘奄, 遷其君薄姑. … 旣絀殷命, 襲淮夷, 歸在豐."

라가 쓰고 있던 한자와 함께 그들의 발전한 정치사회제도까지도 모두 수집해 가지고 돌아와 그것을 본떠서 주나라의 학술 문화와 정치사회 제도 등을 새롭게 마련하였다. 주공이 은나라에서 쓰던 갑골문자(甲骨文字)를 받아들인 뒤 크게 개량하여 이후 중국에서 일상적으로 쓰게 된 한자로 발전시켜 상용하도록 한 것은 무엇보다도 큰 공로 중의 하나이다. 주공으로 말미암아 서로 말이 통하지 않는 여러 지방 사람들이 한자를 써서 글로 서로 뜻을 통할 수 있게 된 것이다. 주공에 의하여 한자가 실용되기 시작하여 이에 새로운 한자문화(漢字文化)가 이루어지기 시작하는 것이다. 그리고 후세 유가의 경전으로 중국 학술과 사상의 기본이 된 『역경(易經)』·『시경(詩經)』·『서경(書經)』과 『예기(禮記)』 등 전적의 바탕도 이때 주공에 의하여 이루어진다. 곧 주공에 의하여 새로운 중국문화와 학술이 이루어지고 새로운 정치사회제도가 발전할 수 있는 바탕이 마련되었던 것이다. 이때부터 미개하였던 주 민족이 자기들의 나라를 세우고 면목을 일신하여 새로운 모습으로 발전하기 시작하는 것이다.

그리고 주공은 동쪽 지역까지 이르는 넓은 나라 땅을 다스리기 위하여 은나라의 남은 백성들을 동원하여 나라의 중심 지역인 지금의 하남성(河南省) 낙양(洛陽) 근처에 낙읍(洛邑)이라는 새로운 도읍을 건설하였다. 그리고 서쪽의 도읍인 호경(鎬京)은 종주(宗周)라 부르는 한편 동쪽 지역을 다스리기 위하여 건설한 낙읍은 성주(成周)라 불렀다. 주공은 특히 은나라 지식인들을 새로 건설한 낙읍에 데려다 놓고 은나라 학술 문화를 배우고 받아들이는 방편으로 삼았다. 특히 한자의 사용을 위하여 은나라 지식인들을 많이 활용했을 것으로 여겨진다. 이상의 문제들은 주공의 공적 중에서도 매우 중요한 것들이어서 뒤의 제3장과 제4장에서 거듭 자세히 논의하게 될 것이다.

다시 말하면 주공에 의하여 주나라가 천하를 다스리는 큰 중국으로 발전하고 거기에 사는 여러 부족들이 합쳐져 한족이라는 민족이 이루어진다. 그리고 새로운 한자문화와 학술 및 정치사회제도가 발전하게 된다. 이는 정말로 한 사람이 이루기 극히 어려운 위대한 업적이다. 이 때문에 『논어』를 보면 공자(B.C. 552-B.C. 479)도 주나라와 그 문화 및 문물제도를 무척 중하게 평가하고 높이 받들고 있다.

> "주나라는 하(夏)와 은(殷) 두 나라를 본떴으므로 문물제도가 빛나고 있다. 나는 주나라를 따르겠다."[37]

> "만약 나를 등용하는 사람이 있다면 나는 그 나라를 동쪽의 주나라로 만들겠다."[38]

공자가 여행을 하다가 위(衛)나라 광(匡)이라는 고장을 지나게 되었는데, 그 고장 사람들이 공자를 전에 부하를 이끌고 쳐들어와 못된 짓을 한 양호(陽虎)로 착각하고 공자 일행을 잡아놓고 죽이려 하였다. 공자를 따르던 모든 사람들이 두려워하며 어찌할 바를 몰랐으나 공자만은 태연히 있으면서 이런 말을 하였다.

---

37 『論語』 八佾; "周監於二代, 郁郁乎文哉. 吾從周."

38 『論語』 陽貨; "如有用我者, 吾其爲東周乎."

"문왕께서 돌아가신 뒤로 문화가 여기에 전해지지 아니한가? 하늘이 이 문화를 없애려 하셨다면 후세에 나온 내가 이 문화에 참여할 수가 없었을 것이다. 하늘이 이 문화를 없애려 하지 않고 계신데, 광 사람들이 나를 어찌할 수가 있겠느냐?"

> 文王旣沒, 文不在玆乎? 天之將喪斯文也, 後死者, 不得與於斯文也. 天之未喪斯文也, 匡人其如予何? - 『論語』 子罕

공자는 주나라 문왕으로부터 이어져 내려온 주나라 문화의 계승자로 자부하고 있는 것이다. 『논어』에서 공자의 제자인 자공(子貢)은 스승의 학문의 근원에 대하여 이렇게 말하고 있다.

> "문왕과 무왕의 도가 아직 땅에 떨어지지 않고 사람들에게 남아 있어, 현명한 사람은 그 중 큰 것을 알고 있고 현명하지 않은 사람도 그 중 작은 것을 알고 있으니, 문왕과 무왕의 도를 지니지 않은 이가 없는 것입니다. 선생님께서 어떤 것인들 배우지 않으셨겠습니까?"

> 子貢曰; 文武之道, 未墜於地, 在人, 賢者識其大者, 不賢者識其小者, 莫不有文武之道焉. 夫子焉不學? 而亦何常師之有? - 『論語』 子張

곧 공자의 학문은 세상에 전해지고 있는 주나라 문왕과 무왕의 도를 종합하고 그것을 다시 정리하여 이루어진 것이라는 뜻이다. 공자도 주나라 문화나 문왕의 도는 절대적인 것이기 때문에 어지러운 이 세상에서도 무너질 수가 없는 것이라고 믿고 있는 것이다. 따라서 공자는 주나라 문화와 문왕의 도를 바탕으로 하여 이 세상을 다시 바로 잡으려 하였던 것이다.

곧 공자의 학술사상은 주나라 문화와 문왕의 도를 바탕으로 하고 있다는 것이다. 공자가 주나라의 문화를 높이 평가하고 있는 것은 지극히 당연한 일인 것이다. 따라서 공자는 주나라 문화를 이룩한 주공도 아울러 높이 받들지 않을 수가 없었다. 『논어』를 보면 공자는 주공에 관하여 다음과 같은 말을 하고 있다.

> "무척이나 내가 노쇠하였구나! 오랜 동안 나는 꿈에서도 주공을 다시는 보지 못하였으니!"[39]

공자는 만년에 뜻을 이루지 못하자 심지어 자신이 꿈속에서라도 주공을 만나지 못하고 있음을 한탄하고 있는 것이다. 공자가 얼마나 주공을 존경하고 있었는지 알 수 있는 일이다. 다시 『논어』 미자(微子)편을 보면 주공이 자기 대신 노(魯)나라에 제후로 봉해진 아들 백금에게 한 다음과 같은 말이 인용되고 있다.

주공이 노공인 아들 백금(伯禽)에게 당부하였다.

> "군자는 그의 친족을 소홀히 하지 않고, 대신들로 하여금 써주지 않

39 『論語』 述而; "甚矣, 吾衰也! 久矣, 五不復夢見周公!"

는다고 원망하는 일이 없도록 하며, 오래 함께 일한 사람은 큰 잘못이 없다면 버리지 않으며, 한 사람이 모든 것을 다 갖추기를 바라지 않아야 한단다."[40]

이러한 주공을 존경하는 공자를 본받아서 맹자(B.C. 372?-B.C. 289?)는 주공을 더욱 높이 받들었다. 『맹자』를 보면 진가(陳賈)라는 사람이 맹자에게 "주공은 어떤 분이었습니까?"하고 묻자 맹자는 바로

"옛날의 성인이시다.(古聖人也.)"

하고 대답하고 있다.[41] 맹자가 주공을 성인으로 모신 것은 스승 공자의 뜻을 받든 것이다.

이에 따라 주공은 후세에 와서는 성인으로 떠받들어 모셔지게 된다. 본래 중국에서는 큰 나라를 건설하고 그 나라를 덕으로 잘 다스린 요(堯)·순(舜)·우(禹)·탕(湯)·문왕(文王)과 무왕(武王) 같은 분들을 원칙적으로 성인이라 불러왔는데, 제왕 노릇을 하지 않은 주공도 성인의 반열에 오르게 된 것이다. 그리고 주공은 대제국 건설에 이들 제왕들의 업적에 전혀 뒤지지 않는 공헌을 하였기 때문에 성인이라 부르게 된 것은 매우 자연스러운 일이라 할 수 있다.

다시 말하면 주공은 중국이라는 큰 나라의 터전이 된 주나라를 세

---

40 『論語』 微子; "周公謂魯公曰; "君子不施其親, 不使大臣怨乎不以, 故舊無大故則不棄也, 無求備於一人."

41 『孟子』 公孫丑 下; "(陳賈)見孟子, 問曰; 周公何人也? 曰; 古聖人也."

우고 큰 나라 안에 살고 있던 수많은 부족들을 통합하여 새로운 한민족을 이룩한 위대한 인물이다. 그리고 이 새로운 큰 나라와 민족을 다스리고 유지하는 여러 가지 정치사회제도를 마련하고 새로운 학술문화를 발전시켰다. 그 예를 들면 한 사람의 제왕이 천하를 다스리는 방법을 강구하기 위하여 봉건제도(封建制度)도 마련하였다.[42] 이것은 모두 지금까지도 중국이라는 큰 나라가 발전하고 유지될 수 있는 바탕이 되었기 때문에 주공은 성인이라고 불러도 좋을 위대한 인물이다. 주공은 중국 역사상 가장 위대한 업적을 남긴 인물이라 하겠다. 그러니 중국에 대해 공부하려는 사람이라면 주공이라는 위대한 인물의 생애와 그의 업적에 대하여 무엇보다도 먼저 철저히 추구해 보아야 할 것이다.

또 중국의 문자인 한자는 주공에 의하여 비로소 사람들이 자신의 생각이나 어떤 일을 기록하는 연모로 널리 사용되기 시작한 것이다. 그러니 주공 덕분에 기원전 1000년 무렵에 중국의 전통 학문이 제대로 발전하기 시작하여 한자로 쓰인 『역경(易經)』·『시경(詩經)』·『서경(書經)』과 『예경(禮經)』 등의 경전이 지금 우리에게 전해지게 된 것이다. 그리고 이 한자를 바탕으로 하여 중국의 전통문화는 크게 발전을 시작하는 것이다. 한자의 사용만 놓고 보더라도 주공의 공로는 더 이상 말할 나위도 없이 위대하다.

---

42 『史記』 卷4 周本紀; "武王追思先聖王, 乃褒封神農之後於焦, 黃帝之後於祝, 帝堯之後於薊, 帝舜之後於陳, 大禹之後於杞. 於是封功臣謀士, 而師尙父爲首封, 封尙父於營丘, 曰齊. 封弟周公旦於曲阜, 曰魯. 封召公於燕. 封弟叔鮮於管, 弟叔度於蔡. 餘各以次受封.

제2장

주공 단의 생애

주공은 이미 앞에서 설명한 것처럼 성은 주나라 왕실의 성인 희(姬)씨이고 이름은 단(旦)이며 주(周)나라의 서백(西伯)인 문왕(文王, B.C. ?-B.C. 1122 재위)의 아들이다. 그리고 주나라의 첫째 임금 무왕(武王, B.C. 1122-B.C. 1103재위)은 그의 친형이다. 그러나 일반적으로 그는 주공이라고만 불리고 있다. 주나라 민족은 본래 무척 미개한 민족이었다. 그들의 선조인 태왕(太王) 고공단보(古公亶父)가 자기 부족을 이끌고 오랑캐 땅으로부터 지금의 섬서성(陝西省) 기산(岐山) 아래 부풍(扶風) 근처로 내려와 비로소 살 집도 지으며 문화생활을 시작하였다. 그 이전까지는 땅굴 속에서 살던 종족이었다. 그의 아들 계력(季歷)이 주(周)나라를 세웠고 다시 손자인 문왕이 나라를 잘 다스려 주나라가 크게 발전하였다. 그 뒤를 무왕이 계승한 것이다. 주공은 무왕의 동생이다. 태왕이 내려와 문화생활을 시작한 지역을 주라고 불렀는데 그는 마침 그 지역을 영지로 봉해졌기 때문에 주공이라 부르게 된 것이다.[1] 문왕은 풍(豐, 지금의 陝西省 鄂縣 동쪽 지역)을 도읍으로 삼았는데, 아들 무왕은 주나라가 중국 역사상 처음으로 온 세상을 다스리는 천자의 나라로 발전하자(B.C. 1122) 도읍을 호(鎬, 지금의 陝西省 長安 서남쪽 지역)로 옮겼다. 주공은 문왕의 여러 아들들 중에서도 가장 효성스럽고 재능과 덕행이 가장 뛰어나서 늘 무왕 곁에서 나랏일을 가장 많이 도와주었다.[2]

그의 아버지 문왕에 대해서는 『시경』 대아(大雅)의 첫머리에 문왕지습(文王之什)이 있는데, 거기에는 「문왕(文王)」·「대명(大明)」을 비롯하여 모두 열 편의 시가 실려 있다. 그 시들은 모두 문왕이 덕을 쌓으며 나라를 잘 다스려 상(商)나라를 무너뜨리고 온 천하를 다스리라는 하늘의 명령인 천명을 받게 된 일을 읊은 내용들이다.[3] 주나라 초기에 후손들이 이처럼 여러 가지로 그의 높은 덕을 노래할 정도로 문왕은 위대한 인물이었다. 주나라는 문왕에 의하여 완전한 토대가 잡혔던 것이다. 문왕의 부인은 태사(太姒)라는 분으로, 『시경』 대아의 「대명(大明)」·「사제(思齊)」 같은 시에서는 문왕과 함께 그분의 높은 덕도 읊고 있다. 그리고 국풍(國風) 주남(周南)의 시들을 『모시서(毛詩序)』에서는 모두가 "후비(后妃)의 덕을 노래한 것"이라 하였는데 일반적으로 후비는 말할 것도 없이 태사를 가리킨다고 보고 있다.[4] 주공은 지극히 덕이

---

1 唐 司馬貞 『史記索隱』; "周, 地名, 在岐山之陽. 本太王所居, 後以爲周公之采邑, 故曰周公. 卽今之扶風雍東北, 故周城也."

2 『史記』 卷33 魯周公世家; "周公旦者, 周武王弟也. 自文王在時, 旦爲子孝, 篤仁, 異於群子. 及武王卽位, 旦常輔翼武王, 用事居多."

3 『毛詩序』, 朱熹 『詩集傳』 등의 해설 참조.

4 『毛詩正義』 孔穎達 「疏」.

많은 문왕과 태사를 부모로 모시고 세상에 태어난 것이다. 아래에 시 「사제」를 한 편 인용한다.

「사제(思齊)」

거룩하신 태임이,
문왕의 어머님이시네.
시어머님 태강께 효도하시며,
왕실의 주부 노릇 하셨네.
태사께서 그 뒤에 아름다운 명성 이으시고,
많은 아들 낳으셨네.

思齊大任, 文王之母.
思媚周姜, 京室之婦.
大姒嗣徽音, 則百斯男.

문왕께서는 선왕들 잘 따르시니,
신령들도 원망 없으셨네.
신령들 마음 아픈 일 없게 하시고,
당신 부인은 바르게 대하셨네.
형제들에게 지극하게 대하시며,
집안과 나라를 잘 다스리셨네.

惠于宗公, 神罔時怨.

神罔時恫, 刑于寡妻.

至于兄弟, 以御于家邦.

부드러운 모습으로 궁전에 계시고,
공경하는 모습으로 묘당에 계셨네.
밝게 나랏일에 임하시고,
싫증 내는 일 없이 백성들 편히 보살펴 주었네.

雝雝在宮, 肅肅在廟.

不顯亦臨, 無射亦保.

큰 잘못은 매우 엄하게 징계하시어,
폐해를 모두 없애시었네.
들은 말은 따르시고,
간하는 말은 받아들이셨네.

肆戎疾不殄, 烈假不瑕.

不聞亦式, 不諫亦入.

어른들은 덕이 있고,
아이들은 성취가 있게 되었네.
옛 성인이신 문왕은 싫어하시는 일 없이,

훌륭한 선비 다 골라 쓰셨네.

肆成人有德, 小子有造.
古之人無斁, 譽髦斯士.

이 시의 첫 절에 보이는 태임(大任)은 문왕의 어머니이며 왕계(王季)의 부인이고, 주강(周姜)은 문왕의 할머니로 태왕(太王)의 부인이며 태강(太姜)이라고도 불렀고, 태사(大姒)는 바로 문왕의 부인이다. 첫 절에서는 문왕은 할머니 주강과 어머니 태임 및 부인인 태사의 덕행을 바탕으로 하여 훌륭한 덕을 쌓은 분임을 읊고 있다. 두 번째 절부터는 문왕이 이처럼 훌륭한 부인들 덕분에 집안과 나라를 잘 다스리고 어른이며 애들을 모두 편히 잘살 수 있게 하였다는 것을 읊고 있다. 그리고 나랏일을 처리하는 데 있어서는 남의 말을 잘 받아들이고 훌륭한 사람들을 잘 골라 썼음을 읊고 있다.

다음으로 첫머리의 시 「문왕」을 읽어보기로 한다. 이 시에서는 문왕의 덕을 자세히 읊고 있다.

「문왕」

문왕께선 위에 계시는데,
아아, 하늘에 뚜렷하시네.
주나라는 오래된 나라라 하지만,
받은 하늘의 명은 새롭기만 하네.

주나라 임금은 매우 밝게 나라 다스리시니,
하늘의 명이 매우 적절히 내려지네.
문왕께서는 하늘과 땅을 오르내리며,
하나님 곁을 떠나지 않으시네.

文王在上, 於昭于天.
周雖舊邦, 其命維新.
有周不顯, 帝命不時.
文王陟降, 在帝左右.

부지런히 애쓰신 문왕은
아름다운 기림이 끊이지 않네.
주나라에 많은 복 내려주시어,
문왕 자손들이 누리시네.
문왕 자손들은
백세토록 집안이 번성하네,
모든 주나라의 신하들도
대대로 매우 현명하네.

亹亹文王, 令聞不已.
陳錫哉周, 侯文王孫子.
文王孫子, 本支百世.
凡周之士, 不顯亦世.

대대로 매우 현명하니,
그들의 계획은 신중하고 충성되네.
훌륭한 많은 신하들이
이 왕국에 생겨나네.
그들이 왕국에 생겨나니,
주나라의 기둥감들이네.
많은 신하들 있으니,
문왕께서는 마음 편히 지내시네.

世之不顯, 厥猶翼翼.
士皇多士, 生此王國.
王國克生, 維周之楨.
濟濟多士, 文王以寧.

덕이 많은 문왕께서는
아아, 끊임없이 공경하셨네.
위대한 하늘의 명은
상나라 자손들에게 있었네.
상나라 자손들은
그 수 헤아릴 수 없었네.
하늘이 명을 새로 내리시어
주나라에 그들이 복종케 되었네.

穆穆文王, 於緝熙敬止.
假哉天命, 有商孫子.
商之孫子, 其麗不億.
上帝旣命, 侯于周服.

주나라에 복종케 되었으니,
하늘의 명은 일정하기만 한 것은 아닐세.
은나라 관원들은 점잖고 민첩하게 움직이며,
주나라 도성에서 신을 불러 모시는 술 따라 올렸네.
그들이 신을 불러 모시는 술 올릴 때엔,
언제나 보 무늬 바지에 은관을 썼네.
우리 임금님의 충성스러운 신하 되었으니,
그대들 조상은 생각 말기를!

侯服于周, 天命靡常.
殷士膚敏, 祼將于京.
厥作祼將, 常服黼冔.
王之藎臣, 無念爾祖.

그대들 할아버지 생각하지 않는가?
그분 같은 덕을 닦아야 하네.
오래도록 하늘의 명을 지켜,
스스로 많은 복을 누렸었네.

은나라가 민심을 잃지 않았을 적에는,
하늘의 뜻을 따를 줄 알았다네.
마땅히 은나라를 거울삼을지니,
위대한 천명은 지키기 쉽지 않네!

無念爾祖? 聿脩厥德.
永言配命, 自求多福.
殷之未喪師, 克配上帝.
宜鑑于殷, 駿命不易.

하늘의 명은 지키기 쉽지 않으니,
그대들 대에서 끊이지 않도록 해야 하네!
훌륭한 명성 밝게 빛나게 하고,
은나라처럼 하늘의 명 잃지 않도록 걱정해야 하네!
하늘의 하시는 일은
소리도 없고 냄새도 없다네.
문왕을 본받으면
온 세상이 믿고 따르게 되리.

命之不易, 無遏爾躬.
宣昭義問, 有虞殷自天.
上天之載, 無聲無臭.
儀刑文王, 萬邦作孚.

문왕이 덕을 닦아 천명을 받았고, 후손들은 주나라를 발전시키며 복을 누리게 되었음을 노래한 시이다. 이 하늘의 뜻을 따라 은나라 사람들도 모두 주나라를 따르게 되었고 천명으로 말미암아 온 세상 사람들이 문왕을 본받으며 주나라에 복종하게 되었다는 것이다. 그러니 주나라는 문왕이 덕을 닦아 천명을 받음으로써 훌륭한 나라로 발전한 것이다. 사마천의 『사기』에는 문왕의 덕정(德政)을 알려주는 다음과 같은 얘기도 실려 있다.

> "문왕은 늘 들어내지 않고 착한 일을 많이 하고 있어서 여러 제후들은 문제가 생기면 흔히 문왕에게 가서 도움을 청하여 그것을 해결하였다. 그때 우(虞)나라와 예(芮)나라 사람에게 법적인 문제가 생겼으나 해결할 수가 없어서 주나라 문왕에게 가서 해결을 요청하기로 하였다. 두 나라 대표들이 주 나라 국경 안으로 들어가 보니, 밭을 가는 사람들이 모두 땅의 경계를 서로 상대방에게 양보하고 있고, 백성들은 모두 나이 많은 이에게 양보하는 풍습이 익혀져 있었다. 우나라와 예나라의 대표들은 문왕을 찾아뵙기도 전에 모두가 부끄러워져서 서로 '우리가 서로 다투는 것은 주나라 사람들이 부끄러워할 일입니다. 무엇 때문에 찾아가서 욕을 먹어야 하겠습니까?'라는 말을 주고받으며 마침내 되돌아와 서로 양보하고 헤어졌다. 제후들은 그 얘기를 듣고 '서백 문왕은 천명을 받으신 임금이다.'라고 하였다."[5]

---

5 『史記』 卷4 周本紀; "西伯陰行善, 諸侯皆來決平. 於是虞·芮之人有獄不能決, 乃如周. 入界, 耕者皆讓畔, 民俗皆讓長. 虞·芮之人未見西伯, 皆慚, 相謂曰; '吾所爭, 周人所恥, 何往爲, 取辱耳.' 遂還, 俱讓而去. 諸侯聞之, 曰; '西伯蓋受命之君.'"

주공에게는 같은 어머니 밑에 모두 열 명의 형제가 있었다고 한다. 그리고 이복형제도 적지 않았던 것 같으나 확실히 몇 명이나 있었는지 아는 수가 없다. 문왕의 아들 열 명 중 무왕 발과 주공 단이 가장 현명하여 늘 아버지 문왕을 모시고 아버지 일을 도와드렸다 한다. 문왕의 맏아들로 백읍(伯邑) 고(考)가 있었는데 아버지에게 시답지 않게 여겨져 문왕은 그를 내치고 아우 무왕 발(發)을 후계자로 정하였다.[6] 이 때문에 뒤에 무왕은 주나라 임금이 되어 은나라를 쳐부수고 주나라가 온 천하를 다스리는 첫 번째 임금으로 등장하게 되는 것이다. 『사기』 관채세가(管蔡世家)에는 "무왕과 같은 어머니에게서 난 형제들 열 명이 있는데, 어머니는 태사(太姒)이고 문왕의 정실부인이다."라고 말한 뒤 다음과 같이 열 명 형제들의 이름을 열거하고 있다.

> "맏아들 백읍고(伯邑考), 둘째 무왕 발, 셋째 관숙(管叔) 선(鮮), 넷째 주공 단, 다섯째 채숙(蔡叔) 도(度), 여섯째 조숙(曹叔) 진탁(振鐸), 일곱째 성숙(成叔) 무(武), 여덟째 곽숙(霍叔) 처(處), 아홉째 강숙(康叔) 봉(封), 막내 염계(冉季) 재(載)."[7]

『열녀전(列女傳)』에는 일곱째 성숙과 여덟째 곽숙의 이름인 무(武)와

---

6 『史記』 卷35 管蔡世家; "同母昆弟十人, 唯發·旦賢, 左右輔文王, 故文王舍伯邑考, 而以發爲太子."
『禮記』 檀弓 上; "昔者文王舍伯邑考, 而立武王."

7 『史記』 卷35 管蔡世家; "武王同母兄弟十人. 母曰太姒, 文王正妃也. 其長子曰伯邑考, 次曰武王發, 次曰管叔鮮, 次曰周公旦, 次曰蔡叔度, 次曰曹叔振鐸, 次曰成叔武, 次曰霍叔處, 次曰康叔封, 次曰冉季載. 冉季載最少."

처(處)가 서로 바뀌어져 있고, 막내인 염계 재의 염(冉)이 염(聃)으로 쓰여 있는 등[8] 기록에 따라 약간의 이동이 있지만 크게 중요하지는 않다. 이들 형제 중 둘째인 무왕 발과 넷째 주공 단이 특히 영리해서 아버지 문왕의 뜻을 가장 잘 따랐다 한다. 이 때문에 문왕은 맏아들 백읍 고를 제쳐놓고 둘째 무왕 발을 후계자로 삼았다. 그래서 문왕이 죽게 되자 무왕 발이 그 뒤를 잇게 되었던 것이다. 백읍 고는 무왕 발이 황제가 되기 전에 죽었다.[9]

주공은 재능이 뛰어난 위에 성격이 돈후하고 행동이 성실한 인물이었다. 주공은 어려서부터 아버지 문왕의 아들 형제 중에서 가장 효성스럽고 착실한 위에 매우 똑똑한 사람이었다. 따라서 무왕이 임금 자리에 오른 뒤에는 늘 건강하지 못한 형 무왕을 곁에서 보좌하면서 나랏일을 가장 많이 처리하였다.[10]

은나라를 쳐부순 뒤 2년이 되던 해에 무왕이 병이 나서 위독하자 주공은 제단을 만들어 놓고 축문(祝文)을 지어 조상들에게 다음과 같이 간절히 빌었다.

> "사관에게 축문을 지어 빌게 하였다.
>
> 당신들의 큰손자 아무개가 나쁜 병이 들어 위태롭게 되어 있습니

---

8 『列女傳』 卷1 周室三母; "大姒生十男: 長伯邑考, 次武王發, 次周公旦, 次管叔鮮, 次蔡叔度, 次曹叔振鐸, 次霍叔武, 次成叔處, 次康叔封, 次聃季載."

9 『史記』 卷35 管蔡世家; "唯發·旦賢, 左右輔文王, 故文王舍伯邑考而以發爲太子. 及文王崩而發立, 是爲武王. 伯邑考旣已前卒矣."

10 『史記』 卷33 魯周公世家; "周公旦者, 周武王弟也. 自文王在時, 旦爲子孝, 篤仁, 異於群子. 及武王卽位, 旦常輔翼武王, 用事居多."

다. 만약 당신들 세 임금님께서 하늘에 계시며 그 자손을 보호할 책임이 있으시다면, 이 단(旦)으로 아무개의 몸을 대신하도록 하여 주십시오."[11]

그리고 주공은 그 축문을 궤짝에 넣고 쇠줄로 묶어 봉해놓았다 한다. 그러자 무왕의 병이 나아졌다는 것이다. 그 글이 『서경』 주서(周書)에 「금등(金縢)」편이란 글로 남아 전한다. 금등은 궤짝에 넣은 물건을 쇠줄로 단단히 묶어 봉해둔다는 뜻이다. 아래에 「금등」편에서 주공이 선조님들께 소원을 빈 일부분의 글을 소개하기로 한다.

"(주공이) 사관에게 축문을 지어 빌게 하였다.

'당신들의 큰손자 아무개가 나쁜 병이 들어 위태롭게 되어 있습니다. 만약 당신들 세 임금님[12]께서 하늘에 계시며 그 자손을 보호할 책임이 있으시다면, 이 단(旦)으로 아무개의 몸을 대신하도록 하여 주십시오.

저는 어질어 돌아가신 아버님의 뜻을 잘 따르고, 재능이 많고 예능(藝能)이 많아 귀신을 잘 섬깁니다. 그러나 당신들의 큰손자는 이 단처럼 재능과 예능이 많지를 못하여, 귀신을 잘 섬기지 못할 것입니다.

그리고 하나님의 뜰에서 명을 내리시어 온 세상을 널리 돕도록 하시고, 아래 땅에서 당신들의 자손들을 잘 안정시켜 주도록 하셨

---

11 『書經』 周書 金縢; "史乃冊祝曰; 惟爾元孫某, 遘厲虐疾. 若爾三王, 是有丕子之責于天, 以旦代某之身."

12 세 임금은 太王과 王季·文王의 세 분을 가리킴.

> 습니다. 온 세상 백성들은 공경하고 두려워하지 않는 이가 없습니다. 아아 ! 하늘이 내리신 소중한 명을 망치지 않도록 하십시오. 우리 선왕들께서도 그래야만 영원히 의지할 곳이 있게 됩니다.'"[13]

주공이 죽은 뒤 폭풍우가 불어와 다 익은 곡식이 모두 쓰러지고 큰 나무들도 다 뽑혀 넘어졌다 한다. 이에 온 백성들은 어찌할 바를 모르고 두려워서 떨고 있을 적에 성왕은 주공이 지어 놓은 「금등」의 글을 꺼내어 보고는 크게 감동한다. 성왕은 이 하늘의 재난은 자신이 주공의 덕을 제대로 알아 모시지 못한 천벌이라고 판단한다. 따라서 주공을 지금이라도 제대로 모셔야 한다고 여기고 주공의 영을 모시기 위하여 교외로 나가자 폭풍우가 끝이고 바람이 반대편으로부터 일어 쓰러진 나무와 곡식을 모두 일으켜 세워 주어 그 해는 풍년이 든다. 이에 성왕은 주공의 아들 백금(伯禽)이 봉해진 노(魯)나라에 명하여 주공의 아버지인 문왕을 천자의 예로 제사 지내도록 해준다.[14] 곧 문왕과 주공을 비롯하여 노나라 조상들은 모두 천자의 예를 따라 제사를 지내도록 해준 것이다. 이는 주공의 덕을 기리기 위하여 주공도 천자

---

13 『書經』 周書 「金縢」; "史乃冊祝曰; '惟爾元孫某, 遘厲虐疾. 若爾三王, 是有丕子之責于天, 以旦代某之身. 予仁若考, 能多材多藝, 能事鬼神. 乃元孫, 不若旦多材多藝, 不能事鬼神. 乃命于帝庭, 敷佑四方, 用能定爾子孫于下地. 四方之民, 罔不祗畏. 嗚呼! 無墜天之降寶命. 我先王亦永有依歸.'"

14 『史記』 卷33 魯周公世家; "周公卒後, 秋未, 暴風雷雨, 禾盡偃, 大木盡拔. 周國大恐. 成王與大夫朝服以開金縢之書, 王乃得周公所自以爲功代武王之說. 二公及王乃問史百執事, 史百執事曰; '信有, 昔周公命我勿敢言.' 成王執書以泣, 曰; '自今後其無繆卜乎! 昔周公勤勞王家, 惟予幼人弗及知. 今天動威以彰周公之德, 惟朕小子其迎, 我國家禮亦宜之.' 王出郊, 天乃雨, 反風, 禾盡起. 二公命國人, 凡大木所偃, 盡起而築之. 歲則大孰. 於是成王乃命魯得郊祭文王. 魯有天子禮樂者, 以褒周公之德也."

의 예로 제사 지낼 수 있도록 하기 위한 조치였다.

그리고 무왕은 은나라 주왕(紂王, B.C. 1174-B.C. 1111 재위)을 정벌한 뒤 여러 공신과 집안사람들을 그들의 공적에 따라 여러 지방에 제후로 봉하면서, 주공은 곡부(曲阜)가 있는 노(魯)나라에 봉해주어 노공(魯公)이 되었으나 그는 봉지로 부임하지 않고 남아서 그대로 무왕을 보좌하였다. 그리고 노나라에는 주공 대신 아들 백금(伯禽)을 보내어 노나라를 다스리도록 하였다.[15] 뒤에 다시 논할 것이지만 이 봉건제도는 무왕의 이름으로 시행되었지만 실은 주공이 동·서 지방을 합쳐 큰 주나라를 세우고 그 큰 나라를 황제 한 사람이 다스리게 하는 방법으로 마련한 새로운 제도이다. 따라서 이때 공신과 집안사람들을 여러 지방에 제후로 봉하는 일을 한 것도 실은 주공 자신이다. 주공은 처음부터 아들 백금을 노나라에 보내려고 마음먹고 공적으로는 자신을 노나라에 봉했을 것이다. 이때 주공은 아들 백금을 노나라로 떠나보내면서 아들에게 당부하는 아래와 같은 유명한 말을 남기고 있다.

> "나는 한 번 머리를 감는 동안이면 세 번이나 젖은 머리를 움켜쥐고 찾아온 손님을 마중하기 위하여 일어서고 한 끼 밥을 먹는 동안에도 세 번이나 먹던 음식을 뱉어 놓고 일어서서 찾아온 선비들을 맞이해 대접하면서도 천하의 현명한 사람들을 놓칠까 두려워하였다. 너는 노나라에 가더라도 삼가 나라를 다스린다고 사람들 앞에 교만한 짓을 하는 일이 없도록 하라."[16]

---

15 『史記』 卷33 魯周公世家; "及武王卽位, … 伐紂, 遍封功臣同姓戚者. 封周公旦於少昊之虛曲阜, 是爲魯公. 周公不就封, 留佐武王. … 於是卒相成王, 而使其子伯禽代就封於魯."

이 글은 주공이 얼마나 성실한 사람이었는가, 그리고 얼마나 능력 있는 인재들을 중시하였는가를 알려주는 유명한 기록이다. 주공은 아들을 노나라에 봉하면서 성의를 다하여 나라를 올바로 다스리라고 당부하고 있다. 여기에서 주공이 스스로 "나는 한 번 머리를 감는 동안이면 세 번이나 젖은 머리를 움켜쥐고 찾아온 손님을 마중하기 위하여 일어서고 한 끼 밥을 먹는 동안에도 세 번이나 먹던 음식을 뱉어 놓고 일어서서 찾아온 선비들을 맞아 대접하고 있다.(一沐三握髮, 一飯三吐哺, 起以待士.)"고 말한 대목은 지금까지도 옛날 성인들이 훌륭한 선비들을 얼마나 귀중히 여기고 우대하였는가를 밝히는 실화로 많이 인용되고 있다. 그리고 이것은 주공의 지극히 성실한 성격과 함께 그가 선비들을 무척 존중하였음을 증명하는 일화로도 매우 유명하다.

성왕 때에도 어린 임금이 병이 나자 주공은 신에게 성왕 대신 자기를 앓게 해달라고 빌었다.[17] 주공은 성실한 위에 나라나 임금을 위해서는 자기 자신까지도 희생하려는 정도로 충성스러운 인물이었음을 알려주는 얘기이다.

무왕은 건강이 좋지 못하였기 때문에 주나라가 온 세상을 다스리는 천자의 나라가 된 뒤(B.C. 1122) 나라를 제대로 다스려 보지도 못하고 죽어버린다. 이 글에 무왕의 재위 연대를 서기로 기록하고 있으나 정확한 기록은 아니다. 주나라 천자가 된 지 2, 3년으로부터 6, 7년 만에 죽었

---

16 『史記』 卷33 魯周公世家; "使其子伯禽代就封於魯. 周公曰; 我文王之子, 武王之弟, 成王之叔父, 我於天下亦不賤矣. 然我一沐三握髮, 一飯三吐哺, 起以待士, 猶恐失天下之賢人. 子之魯, 愼無以國驕人."

17 『史記』 卷 33 魯周公世家; "初, 成王少時, 病, 周公乃自其蚤沈之河, 以祝於神曰: '王少未有識, 奸神命者乃旦也.' 亦藏其策於府."

다는 여러 가지 다른 기록이 있다.[18] 여하튼 무왕은 나라를 제대로 다스려 보지도 못하고 앓다가 몇 년 안에 죽은 것은 확실한 일이다.

무왕이 죽자 어린 성왕(B.C. 1104-B.C. 1066)이 뒤를 이어 주나라 임금이 되는데, 성왕은 너무 어려 나라를 다스릴 수가 없었으므로 처음부터 삼촌인 주공이 그를 대신하여 나라를 다스리게 된다. 주나라를 세운 임금은 무왕이고 무왕이 죽자 성왕이 그의 뒤를 이었지만 나이가 너무 어려 나라를 다스릴 수가 없었으므로 그 대신 주공이 다스렸다. 그러니 실제로 주나라 초기에 나라를 세우고 또 그 주나라를 잘 다스려 발전시킨 것은 무왕이나 성왕 같은 임금이 아니라 주공이었던 것이다.

주공과 함께 주나라 초기에 많은 활약을 한 사람으로 태공(太公) 망(望)과 소공(召公) 석(奭) 및 필공(畢公) 고(高)의 세 사람이 있다. 『사기』 주본기(周本紀)에는 다음과 같은 기록이 있다.

> "무왕이 즉위하자 태공(太公) 망(望)은 사(師)가 되고, 주공 단은 보(輔)가 되고, 소공(召公)·필공(畢公) 같은 사람들은 좌우에서 임금을 돕는 왕사(王師)가 되어 문왕이 하시던 일을 닦았다."[19]

여기에 보이는 태공·소공·필공은 모두 주공과 함께 문왕 때부터 주나라를 위하여 일해 온 대신이며, 그들의 벼슬인 사·보·왕사는 직

---

18 『史記』 卷33 魯周公世家; "周公旦者, 周武王弟也. 自文王在時, 旦爲子孝, 篤仁, 異於群子. 及武王卽位, 旦常輔翼武王, 用事居多."

19 『史記』 卷4 周本紀; "武王卽位, 太公望爲師, 周公旦爲輔, 召公畢公之徒, 左右王師, 修文王緖業."

접 임금을 도와 나랏일을 처리하던 높은 벼슬이다. 그들은 주나라를 세우고 발전시키는 데 많은 공적을 쌓은 뛰어난 인물들이다. 이 세분은 주공과 매우 밀접한 관계였으므로 그들에 대하여 좀 더 상세히 살펴보기로 한다.

태공 망은 일찍이 문왕이 사냥을 나가다가 위수(渭水) 가에서 발견한 인물로 유명하다. 문왕은 사냥을 나가기 전에 점을 쳤다. 그때 다음과 같은 점괘가 나왔다.

> "사냥을 나가서 잡게 될 것은 용도 아니요 이무기도 아니며 호랑이도 아니고 곰도 아니며, 잡힐 것은 천하를 제패할 임금을 보좌해줄 사람이다."

그리고 문왕은 사냥을 나갔는데 과연 위수 가에서 낚시를 하고 있던 태공을 만났다. 문왕은 그와 서로 말을 나눈 뒤 그의 사람됨을 알아보고 크게 기뻐하였다. "나의 아버님 태공께서 말씀하시기를 '곧 성인이 주나라로 와서 주 나라를 흥성시킬 것이다.'라고 하셨는데 당신이 진실로 그 사람 아니오? 우리 태공께서 당신을 바란 지 오래되었소." 그러므로 그의 호를 '태공께서 바라시던 분'이란 뜻에서 태공 망(太公望)이라 하고 수레에 함께 모시고 돌아와 사(師)로 모시게 되었던 사람이다.[20] 본래 태공 망은 성이 여(呂) 씨이다. 그의 조상이 하(夏)

---

20 『史記』 卷32 齊太公世家; "西伯將出獵, 卜之, 日; '所獲非龍非彲, 非虎非羆, 所獲霸王之輔.' 於是周西伯獵, 果遇太公於渭之陽釣魚, 與語大說, 日: '自吾先君太公日; 當有聖人適周, 周以興. 子眞是邪? 吾太公望子久矣.' 故號之日; 太公望. 載與俱歸, 立爲師."

나라 우임금(禹, B.C. 2183-B.C. 2176 재위)을 보좌하여 천하의 물을 다스리는 데 큰 공을 세웠는데 그 공으로 여(呂)나라에 봉해졌기 때문이다. 그리고 이름은 상(尙)이어서 그를 여상(呂尙)이라고도 부르고 또 본래의 성이 강(姜) 씨라서 강태공(姜太公)이라고도 부른다.[21] 그는 무왕이 은나라 주왕(紂王)을 정벌할 때 많은 공을 세웠고, 그의 벼슬 사는 보통 태사(太師)라 부른다. 뒤에 태공 망은 제(齊)나라에 봉해져 제나라의 시조가 되었다.

소공은 어떤 인물이었나? 『사기』에는 또 "무왕이 은나라를 쳐부수고 주왕을 죽였을 때, 은나라 궁전으로 밀고 들어가 주공에게는 큰 도끼를 들리고 소공에게는 작은 도끼를 들게 하고 함께 토지 신에게 제사 지내는 사(社)로 들어가 제물로 동물의 피를 내어 제사를 지내면서 하늘과 은나라 백성들에게 주왕의 죄악을 알렸다."는 기록이 있다.[22] 곧 소공은 주공 아래 태공 망과 함께 주나라 초기에 주나라를 위하여 크게 공헌한 인물이었다.

그리고 소공과 필공은 『사기』에 주나라 왕실과 같은 성이라 하였기 때문에[23] 후세 학자들 중에는 문왕의 서자, 곧 무왕과는 이복형제라고 보는 사람들이 적지 않으나 모두 추측이지 확실한 증거가 있는 것

---

21 『史記』 卷32 齊太公世家; "太公望呂尙者, 東海上人. 其先祖嘗爲四, 佐禹平水土甚有功. 虞夏之際封於呂, 或封於申, 姓姜氏. … 本姓姜氏, 從其封姓, 故曰呂尙." 神農氏는 本姓이 姜氏인데, 후손인 申呂가 申에 봉해져 申氏가 된 이들도 있고, 呂에 봉해져 呂氏가 된 이들도 있다. 어떻든 이들은 같은 집안이다.

22 『史記』 卷33 魯周公世家; "破殷, 入商宮. 已殺紂, 周公把大鉞, 召公把小鉞, 以夾武王, 釁社, 告紂之罪于天, 及殷民."

23 『史記』 卷34 燕召公世家; "召公與周同姓, 姓姬氏."
『史記』 卷44 魏世家; "畢公高與周同姓."

은 아니다. 소공은 무왕이 은나라 주왕을 정벌한 뒤에 북연(北燕)에 봉해져서 흔히 연(燕)나라 소공(召公)이라고도 부르게 되었으며, 성왕 때에는 삼공(三公)이 되어 섬(陝, 지금의 河南省 陝縣)의 서쪽 지역은 소공이 주관하고 섬의 동쪽 지역은 주공이 주관한 적이 있다.[24] 그런 뒤 소공은 그 서쪽 지역을 잘 다스렸으므로 모든 백성들이 화합하여 매우 잘 지내게 되고 위아래 사람들이 모두 자기 할 일을 잘하면서 지내게 되었다. 소공은 여러 고을을 돌아다니다가 팥배나무(棠) 밑에 쉬면서 옥사(獄事)에 관한 판결도 하고 정치에 관한 일도 처리한 일이 있었다. 소공이 죽은 뒤에는 백성들이 소공의 훌륭한 정치를 생각하고 그 팥배나무는 감히 베어내지 못하게 하였다. 그리고 팥배나무를 통하여 소공을 생각하며 「팥배나무(甘棠)」라는 시를 지어 노래하였다 한다.[25] 시 「팥배나무」는 『시경』 국풍(國風) 소남(召南)에 실려 있다. 그 시를 아래에 인용한다.

「팥배나무(甘棠)」

무성한 팥배나무를
자르지도 베지도 마라.
소백님이 노숙하시던 곳이니.

---

24 『史記』 卷34 燕召公世家; "召公 與周同姓, 姓姬氏. 周武王之滅紂, 封召公於北燕." "其在成王時, 召王爲三公: 自陝以西, 召公主之 ; 自陝以東, 周公主之."

25 『史記』 卷34 燕召公世家; "召公之治西方, 甚得兆民和. 召公巡行鄕邑, 有棠樹, 決獄政事其下. 自侯伯至庶人各得其所, 無失職者. 召公卒, 而民人思召公之政, 懷棠樹不敢伐, 哥詠之, 作甘棠之詩."

蔽芾甘棠, 勿翦勿伐. 召伯所茇.

무성한 팥배나무를
자르지도 꺾지도 마라.
소백님이 쉬시던 곳이니.

蔽芾甘棠, 勿翦勿敗. 召伯所憩.

무성한 팥배나무를
자르지도 휘지도 마라.
소백님이 머무셨던 곳이니.

蔽芾甘棠, 勿翦勿拜. 召伯所說.

특히 소공은 주공과 함께 새로 세운 큰 나라를 잘 다스리기 위하여 나라의 중심 지역에 도읍이 필요하다고 생각하고 지금의 하남성(河南省) 황하의 중간으로 흘러들고 있는 낙수(洛水) 가에 낙읍(洛邑)이라는 새로운 도시를 건설하였다. 그리고 본래의 도읍인 호경을 종주(宗周)라 부르는 한편 낙읍은 성주(成周)라 불렀다. 이때 성왕은 소공으로 하여금 먼저 낙읍 지방으로 가서 그곳을 살펴봐 달라고 하였는데, 그때 소공이 돌아와 성왕에게 보고한 글로 「소고(召誥)」라는 글이 남아 전한다.[26] 그러자 주공도 가서 그 지역을 살펴본 뒤에 낙읍을 건설하게 된다. 낙읍을 건설한 뒤 주공과 성왕의 대화를 중심으로 하여 「낙고

(洛誥)」가 지어졌다.[27] 낙읍의 건설에 대해서는 다음 장에서 주공의 업적을 다루면서 보다 자세히 살펴보기로 한다.

그 밖에도 소공은 주나라를 위하여 많은 일을 하였다. 성왕은 죽기 전에 태자 교(釗)가 자기 뒤를 잇지 못하게 될 수도 있다고 생각하고 소공과 필공을 불러 자기가 죽은 다음엔 제후들을 거느리고 태자를 세워 자기 뒤를 이을 수 있게 해 달라고 부탁하였다. 성왕이 죽자 소공과 필공은 임금의 당부대로 제후들을 거느리고 태자 교를 모시고 가서 임금 자리에 모셨는데 그가 강왕(康王, B.C. 1078-B.C. 1053 재위)이다.[28]

『사기』 주본기(周本紀)의 기록에 의하면 "강왕은 임금 자리에 오르자 제후들에게 두루 알리고 문왕과 무왕의 업적을 잘 이을 것을 선언하는 「강고(康誥)」를 지었다. 그러므로 성왕과 강왕의 시대에는 천하가 안정되고 편안하여 40여 년 동안 형벌을 쓰지 않았다."고 하였다.[29] 지금 전하고 있는 『서경』 주서(周書)에는 「강왕지고(康王之誥)」로 되어 있는 글이 『사기』에서 말하는 「강고」이다. 강왕을 뒤이어서 임금 자리는 소왕(昭王, B.C. 1041-B.C. 1024 재위) · 목왕(穆王, B.C. 1023-B.C. 983 재위) · 공왕(恭王, B.C. 982-B.C. 967 재위) · 의왕(懿王, B.C. 966-B.C. 955 재위) · 효왕(孝王, B.C. 954-B.C. 925 재위) · 이왕(夷王, B.C. 924-B.C. 879 재위) · 여왕(厲王, B.C. 878-B.C. 828 재위)으로 이어진다.

---

26 『書經』 周書 「召誥」 序; "成王在豐, 欲宅洛邑, 使召公先相宅, 作「召誥」"

27 『書經』 周書 「洛誥」 序; "召公既相宅, 周公往營成周, 使來告卜, 作「洛誥」."
『史記』 卷33 魯周公世家; 成王七年二月乙未, 王朝步自周, 至豐, 使太保召公先之雒相土. 其三月, 周公往營成周雒邑, 卜居焉, 曰吉, 遂國之.

28 『史記』 卷4 周本紀; "成王將崩, 懼太子釗之不任, 乃命召公·畢公率諸侯以相太子而立之. 成王既崩, 二公率諸侯, 以太子釗見於先王廟, …作顧命. 太子釗遂立, 是爲康王."

29 『史記』 卷4 周本紀; "康王卽位, 遍告諸侯, 宣告以文武之業以申之, 作康誥. 故成康之際, 天下安寧, 刑錯四十餘年不用. 康王命作策畢公分居里, 成周郊, 作畢命."

여왕 때 제대로 정치를 하지 않아 소공이 간절히 일깨워 주었는데도 나라가 어지러워지자 백성들이 반란을 일으켜 왕궁으로 쳐들어갔다. 여왕은 반란군이 쳐들어오자 황급히 호경(鎬京)을 버리고 분수(汾水) 가의 체읍(彘邑, 지금의 山西省 霍縣)으로 도망쳤다.[30] 여왕이 도망치자 제후들이 공백화(共伯和)[31]를 추천하여 천자 대신 나라를 다스리도록 하였다. 이 공화 원년(元年)이 기원전 841년인데, 이해부터 중국 역사의 기년(紀年)이 끊이지 않고 확실해진다. 여왕은 공화 14년(B.C. 828)에 도망가 있던 체읍에서 죽었는데, 소공이 자기 집에 함께 데리고 지내던 태자 정(靖)을 받들어 천자 자리에 모셨다. 그 사람이 선왕(宣王, B.C. 827-B.C. 782)이다. 공백화는 그렇게 되자 자기의 봉지(封地)로 되돌아갔다고 한다.[32] 『사기』 주본기(周本紀)에는 소공과 주공이 나라의 정치를 맡아 처리하면서 그 시기를 공화라 불렀다고 하였는데 잘못된 기록일 것이다.

소공과 함께 일을 한 필공은 본래 주나라 왕실과 같은 성이었는데 무왕이 은나라 주왕을 정벌한 뒤 그를 필이라는 나라에 봉해주어 성이 필 씨가 되었다. 이 때문에 그는 필공이라 부르게 된 것이다.[33] 은나라 주왕을 정벌한 뒤 필공은 왕사(王師)가 되어 태공·주공·소공과 함께 무왕을 적극 보좌하였다. 은나라 주왕을 쳐서 죽인 다음 날에 주

---

30 『史記』 卷4 周本紀; "(厲)王行暴虐侈傲, 國人謗王. 召公諫曰; '民不堪命矣.' …王不聽, 於是國莫敢出言. 三年, 乃相與畔, 襲厲王. 厲王出奔於彘."

31 共伯和의 共은 지금의 河南省 輝縣 북쪽에 있던 나라 이름, 和는 임금의 이름임.

32 『古本竹書紀年』; "共伯和干王位."(『史記』 周本紀 索隱 인용)

33 『史記』 卷44 魏世家; "魏之先, 畢公高之後也. 畢公高與周同姓. 武王之伐紂, 而高封於畢, 於是爲畢姓."

나라 무왕은 사(社)로 가는 길을 깨끗이 청소한 다음 "주공에게는 큰 도끼를 들게 하고 필공에게는 작은 도끼를 들게 한 다음" 여러 신하들과 함께 사로 가서 제사를 지낸다.[34]

다시 무왕은 은나라 주왕(紂王)을 잡아 죽인 다음(B.C. 1111) 그의 아들 무경(武庚) 녹보(祿父)를 은나라 옛 땅 일부에 봉하고 은나라 백성들을 다스리면서 조상들 제사를 이어가게 하였다. 그리고 그의 아우 관숙(管叔) 선(鮮)과 채숙(蔡叔) 도(度)를 그곳 가까운 땅에 봉해주어 녹보를 감시하는 일도 위촉하였다. 그리고 소공에게는 명하여 잡혀있던 기자(箕子)[35]를 풀어주도록 하고 필공에게는 잡혀 있던 백성들을 풀어주도록 한 다음 상용(商容)[36]이 살던 마을 문에 상용의 덕을 밝히는 글을 써서 걸어 놓았다.[37]

무왕이 죽고 어린 성왕이 임금이 된 뒤에도 필공은 성왕을 위하여 주공과 함께 많은 일을 한다. 그리고 필공은 강왕 때까지도 많은 활약을 하였다. 『사기』 주본기(周本紀)에는 "강왕은 필공에게 명을 내려 공

---

34 『史記』 卷4 周本紀; "其明日, 除道, 社及商紂宮. 及期, 百夫荷罕旗以先驅, 武王弟曹叔振鐸奉陳常車, 周公旦把大鉞, 畢公把小鉞, 以夾武王. 散宜生·太顚·閎夭皆執劍以衛武王. 旣入, 立于社南大卒之左, …."

35 箕子는 殷나라 紂王의 삼촌. 이름은 胥餘, 太師 벼슬을 하면서 箕라는 나라에 봉해졌기 때문에 箕子라 부른다. 紂王이 도리에 어긋나는 짓을 일삼자 箕子는 행실을 바로잡도록 간언했으나 말을 듣지 않자, 머리를 풀어헤치고 미친 짓을 하며 머슴 노릇을 하였다. 周나라 武王이 紂王을 친 뒤 그를 朝鮮에 봉하여 신하로 대하지 않았다. 여기의 記事는 武王이 殷나라 紂王을 친 직후의 일이다.

36 商容은 殷나라 紂王 때의 大夫, 紂王의 잘못을 간언하다가 처형되었다. 周나라 武王이 紂王을 친 뒤 商容의 덕을 널리 알리기 위하여 그가 살던 마을 문에 그의 덕을 밝혀 놓았던 것이다.

37 『史記』 卷4 周本紀; "封商紂子祿父殷之餘民. 武王爲殷初定未集, 乃使其弟管叔鮮·蔡叔度相祿父治殷. 已而命召公釋箕子之囚. 命畢公釋百姓之囚, 表商容之閭."

문서를 만들어 백성들이 사는 거주지를 나누어 주나라 교외에 살도록 하고 「필공에게 내리는 필명(畢命)」을 지어 주었다."[38]고 하였다. 『서경』 주서(周書)에는 「강왕지고(康王之誥)」 바로 뒤에 「필공에게 내리는 칙명인 필명(畢命)」이 실려 있다. 그 글 앞머리에는 주공의 업적을 소개하면서 주공을 본떠서 나라와 백성을 위하여 많은 일을 할 것을 훈계하고 있다. 「필공에게 내리는 필명」의 앞머리 한 대목을 아래에 소개하기로 한다.

> "주공께서는 선왕들을 보좌하시어 나라를 안정시키셨소. 은나라 미련한 백성들을 신중히 다루어 낙읍으로 옮겨놓고, 왕실과 아주 가깝게 지내도록 하고 그의 교훈을 본받아 교화되게 하였소. 이미 36년이 지나 세상도 변하고 풍속도 바뀌어 온 세상이 근심 없게 되니, 나 한 사람도 편안하여졌소."[39]

어떻든 태공·소공·필공은 주나라를 세우고 그 나라를 발전시키는 데 주공과 함께 많은 활약을 한 인물임을 알았을 것이다.

주공은 무왕이 은나라를 쳐부수고 큰 주나라를 세우는 데에도 크게 공헌했지만 무왕을 뒤이은 어린 성왕을 대신하여 새로 세운 주나라를 잘 다스려 새로운 큰 나라로 발전시키는 데도 주역을 맡게 된다. 그는 총명하고도 성실하기 짝이 없는 사람이었다. 『사기』의 노주공세

---

38 『史記』 卷4 周本紀; "康王命作策畢公分居里, 成周郊, 作畢命."

39 『書經』 周書 「畢命」; "惟周公左右先王, 綏定厥家. 毖殷頑民, 遷于洛邑, 密邇王室, 式化厥訓. 既歷三紀, 世變風移, 四方無虞, 予一人以寧."

가(魯周公世家)에는 앞머리에 주공에 대하여 이렇게 쓰고 있다.

"주나라 문왕이 살아계실 적부터 주공 단(旦)은 효성이 지극하였고 성실하고 어질어서 다른 아들들과는 달랐다. 무왕이 임금 자리에 오른 다음에 주공 단은 늘 무왕을 도와주었고 일 처리를 가장 많이 하였다."[40]

무왕이 주 임금을 칠 적에도 주공은 무왕을 도와 마침내 은나라를 멸망시키고 큰 주나라를 세운다.[41] 이 큰 주나라의 성립은 중국 역사상 매우 큰 뜻을 가지고 있다. 곧 황하(黃河) 유역을 중심으로 하는 중국의 북쪽 지방의 동쪽과 서쪽 지역의 많은 나라들을 합쳐 처음으로 주나라라는 큰 하나의 나라를 건설하였다는 것이다. 이전에는 하(夏)나라 은나라 같은 나라들이 있었지만 그들 세력권 안이나 밖에는 수많은 부족(部族)들의 나라가 함께 있었다. 하나라나 은나라는 당시 중국 땅 안의 많은 나라들 중에서 가장 세력이 큰 대표적인 나라였다. 주나라가 은나라와 이들 나라를 쳐부수고 중국의 황하 유역 서쪽과 동쪽 지방을 합쳐 방대한 한 나라를 세우는 데도 주공의 공로가 무척 컸다.

그러나 중국이라는 넓은 땅 안의 여러 나라들과 수많은 부족들을 하나로 합쳐 하나의 큰 나라를 건설하자면 무척 잔인한 방법을 쓰지

---

40 『史記』 卷33 魯周公世家; "周公在豐, 病, 將沒, 曰: '必葬我成周, 以明吾不敢離成王.' 周公既卒, 成王亦讓, 葬周公於畢, 從文王, 以明予小子不敢臣周公也."

41 『禮記』 明堂位; "昔殷紂亂天下, 脯鬼侯以饗諸侯, 是以周公相武王以伐紂."

않으면 안 된다. 아무리 덕이 많은 훌륭한 사람이 권한다 하더라도 말도 다르고 풍습도 다른 여러 나라 사람들과 여러 부족들이 절대로 순순히 따를 리가 없다. 수많은 사람들을 죽이며 협박을 가해야 어느 정도 따라오도록 만들 수가 있을 것이다. 그러한 일은 무척 잔인한 성격의 사람이 아니면 할 수가 없는 일이다. 그러니 처음으로 중국 땅에 주나라라는 큰 나라를 세운 주공은 무척 많은 사람들을 죽인 잔인한 성격의 인물임에는 틀림이 없는 것이다. 그리고 후대에 주공을 본떠서 큰 제국을 건설한 제왕들도 모두 잔인한 인물들이다. 어느 왕조건 대제국을 건설할 적에는 무척 많은 사람들을 죽였다. 그 당시 살아있던 나라 인구의 반도 넘는 많은 사람들을 죽여야 하였다. 이 때문에 어느 왕조건 새로운 제국으로 일어설 적에는 나라의 인구가 크게 줄어들어 백성들이 먹고 살기에 여유가 많아졌다. 이 때문에 새로운 왕국 초기에는 언제나 태평성세가 이루어져 사람들이 살아가기에 편한 세상으로 발전하였으므로 제국을 건설한 초기의 임금들은 거의 모두 성군으로 알려져 있다. 그러나 실은 잔인한 성격의 인물들이 나라를 건설한 것이기 때문에 사람들을 많이 죽여 인구가 대폭 줄어든 탓에 살기 좋은 나라가 되었던 것이다. 그러나 이제껏 주공을 잔인한 인물이라고 드러낸 학자는 별로 없었던 것 같다.

주나라 무왕은 주공의 협력으로 은나라를 비롯하여 수많은 나라들을 쳐부순 뒤 호경(鎬京)을 도읍으로 정하고 천하를 다스리기 시작한다. 주나라가 서자 주공은 특히 문화가 발전한 은나라의 여러 가지 제도를 본떠서 새로운 큰 나라를 다스리는 여러 가지 새로운 제도도 마련하며, 계속 무왕을 도와 나라를 다스리는 일에 참여하였다.

그리고 무왕은 은나라 주임금의 아들 무경(武庚)을 은나라 땅에 세워 백성들을 잘 다스리게 하면서, 자기 형제인 관숙(管叔)과 채숙(蔡叔)도 그 곁에 봉해주고 무경의 나라를 감시하도록 하였다. 그런데 무왕은 천하를 제대로 안정시키지도 못하고 건강이 좋지 않아 그해(B.C. 1105)에 죽어버린다. 무왕은 큰 주나라를 세워놓고(B.C. 1111) 그 나라를 올바로 다스려 보지도 못하고 죽었다. 여기의 연대 기록에는 7년 만에 죽은 것으로 되어 있지만 실은 더 일찍 죽었다고 생각하는 이들이 많다.[42] 그 뒤를 아직도 어린 성왕(成王, B.C. 1104-B.C. 1066 재위)이 이어받아 임금 자리에 오르게 된다. 그러나 이미 말한 것처럼 성왕은 어려 나라를 다스릴 능력이 없었으므로 그의 삼촌인 주공이 어린 임금을 대신하여 나랏일을 처리해 주게 된다. 그때 주공은 직접 성왕을 물리치고 임금 자리에 올랐었다고 말하는 이도 있다.[43] 한때 실제로 임금과 같은 자리에 앉아 나라를 다스린 것만은 틀림없는 사실이다.

그런데 주공이 어린 성왕을 대신하여 나라를 다스리자, 은나라 주왕의 아들 무경을 감시하라고 보낸 그의 동생인 관숙과 채숙이 주공의 본뜻을 의심하여 결국은 무경과 함께 그곳의 오랑캐족과도 손을 잡고 반란을 일으켰다(B.C. 1104). 그러자 주공은 성왕의 명을 받들어 3년에

---

42 『史記』 卷 封禪書; "武王克殷二年, 天下未寧而崩."
『淮南子』 要略; "武王立三年而崩."
『逸周書』 卷6 明堂; "是以周公相武王以伐紂, 夷定天下, 旣克紂, 六年而武王崩."
『管子』 第51 小問; "武王伐殷克之, 七年而崩."

43 『逸周書』 卷6 明堂; "旣克紂, 六年而武王崩, 成王嗣, 幼弱未能踐天子之位, 周公攝政,"
『荀子』 儒效; "武王崩, 成王幼, 周公屛成王而及武王以屬天下."
『禮記』 明堂位; "武王崩, 成王幼弱, 周公踐天子之位以治天下."
『說苑』 卷1 君道; "周公踐天子之位."

걸쳐 동쪽 은나라 땅의 반란자들을 정벌하여 무경과 관숙은 잡아 죽이고 채숙은 멀리 쫓아내었다. 이것이 흔히 동쪽 정벌, 곧 동정(東征)이라고 하는 유명한 주공의 활약이다. 그때 주공은 이들을 쳐야 하는 까닭을 밝힌 「대고(大誥)」라는 글을 지어 발표하였다. 이 동쪽의 반란을 정벌한 뒤에는 무경의 은나라 땅에는 주왕(紂王)의 서형인 미자(微子)를 봉하고 나라를 송(宋)이라 부르게 하였는데 그때 주공은 「미자지명(微子之命)」을 지어 발표하였다. 그리고 그 나머지 땅에는 삼촌인 강숙(康叔)을 봉해주고 위(衛)나라라 하였다. 그때 주공은 강숙에게 훈계하는 「강고(康誥)」를 지었다. 이어서 「귀화(歸禾)」·「가화(嘉禾)」·「주고(酒誥)」·「자재(梓材)」라는 글을 발표하였다.[44] 그런데 지금 우리에게 전하는 『서경』 주서(周書)에는 이들 글 중 「대고」·「미자지명」·「강고」에 이어 「주고」·「자재」만이 실려 있다.

앞에서 소공의 업적을 소개하면서 그가 주공과 함께 낙읍을 건설하였는데 그때 「소고(召誥)」라는 글도 지었음을 얘기하였다. 그때 주공은 소공과 함께 낙읍 건설을 결정하고는 「낙고(洛誥)」라는 글도 지어 성왕에게 올렸다. 낙읍이 완성된 뒤(B.C. 1112)에는 완고한 은나라 백성들을 그곳으로 옮겨와 살도록 하고 성왕의 명을 따라 주공은 그곳으로 옮겨온 은나라 지식인들에게 고하는 「다사(多士)」라는 글을 짓는다.[45] 그리고 주공은 은나라 지식인들을 이용하여 은나라의 학술 문화와 여

---

44 『史記』 卷4 周本紀; "成王少, 周初定天下, 周公恐諸侯畔周, 公乃攝行政當國. 管叔·蔡叔群弟疑周公, 與武庚作亂, 畔周. 周公奉成王命, 伐誅武庚·管叔, 放蔡叔. 以微子開代殷後, 國於宋. … 初, 管·蔡畔周, 周公討之, 三年而畢定, 故初作大誥, 次作微子之命, 次歸禾, 次嘉禾, 次康誥·酒誥·梓材, 其事在周公之篇."

45 『書經』 周書 「多士」 序; "成周旣成, 遷殷頑民, 周公以王命誥, 作 「多士」."

러 가지 제도를 받아들여 새로운 주나라 문화를 건설하기에 힘쓴다. 이에 대하여는 다음 장에서 보다 상세히 기술할 것이다.

주공은 성왕을 대신하여 임금 자리에 앉아 나라를 7년 다스린 뒤 성왕이 장성하자 임금 자리와 함께 나라 다스리는 권한을 성왕에게 되돌려주고 물러난다.[46] 그리고 그때 「무일(無逸)」이라는 글을 지어 임금을 훈계하기도 하였다.[47] 일은 일(佚)로도 쓰며, 무일은 편안히 놀지만 말고 나라 다스리는 일에 힘쓰라는 뜻이다. 성왕은 반역을 일삼는 엄(奄)나라를 치고 호경(鎬京)으로 돌아와 은나라를 중심으로 하여 종순하지 않은 여러 나라 특히 동쪽 나라 사람들을 훈계하기 위하여 「다방(多方)」을 짓는다. 회이(淮夷)를 정벌한 뒤에는 다시 풍(豐)[48]으로 돌아와 주나라 관리들에게 훈계하는 「주관(周官)」을 짓는다.[49] 「주관」은 주나라 여러 관리들에게 맡은 일을 충실히 하라고 훈계하기 위하여 지은 글이지만 지금 와서는 당시의 관리제도를 알아보는 데 큰 도움이 되는 자료이다. 이 글들도 성왕의 이름 아래 전해지고 있으나 실제로는 모두 주공이 지은 글이다. 그리고 이 무렵 주공은 '정치를 올바로 하는 법'이란 뜻의 「입정(立政)」[50]이란 글을 지어 성왕을 일깨워 준다. 입정의 정은 정(正)과도 통하여 장관(長官)을 뜻하며 입정은 '관리를

---

46 『史記』 卷33 魯周公世家; "成王長, 能聽政. 於是周公乃還政於成王, 成王臨朝. 周公之代成王治, …及七年後, 還政成王, 北面就臣位," 『韓非子』 難二; "周公旦假爲天子七年, 成王壯, 授之以政." 『說苑』 卷8 尊賢; "周公攝天子位七年."

47 『書經』 周書 「無逸」 序; "周公作 「無逸」."

48 豐은 文王 때의 周나라 도읍, 酆으로도 쓰며 지금의 陝西省 鄠縣 동쪽. 武王이 도읍을 鎬京 또는 鎬로 옮겼다.

49 『史記』 卷4 周本紀; "成王自奄歸, 在宗周, 作 「多方」. 旣絀殷命, 襲淮夷, 歸在豐, 作 「周官」."

50 「立政」은 『書經』 周書 속에 실려 있음,

올바로 세운다'는 뜻이다. 주공이 성왕에게 일러준 것을 옆에서 사관(史官)이 기록한 것이라 보고 있다.

그 전에 성왕이 어렸을 적에 병이 난 적이 있는데 그때 주공은 몸을 깨끗이 하고 신에게 빌었다. "임금은 어려서 아무것도 잘 알지 못하니 신의 뜻에 어긋나는 일이 있었다면 모두 제 탓이니 제게 벌을 주십시오!" 그리고 이렇게 빈 글이 적힌 쪽지를 창고 안에 넣어 놓았다. 곧 성왕의 병이 쾌유되었고 성왕이 나랏일을 다루게 되자 어떤 사람이 주공을 모함하여 주공은 남쪽 초(楚)나라로 쫓겨 갔다. 성왕이 창고를 열었다가 주공이 기도드리면서 남겨놓은 기도문의 쪽지를 발견하였다. 성왕은 그 기도문을 보자 감격하여 울면서 주공을 다시 모셔왔다.[51] 그러니 성왕의 주공에 대한 신임은 절대적이라 할 만한 정도로 발전하였다.

성왕 밑에는 주공 이외에도 소공·필공 같은 뛰어난 인물들이 많았기 때문에 모든 일이 순조로웠을 것이다. 주공은 성왕11년(B.C. 1114)에 죽고 성왕은 그 뒤 B.C. 1068년까지 살아서 나라를 잘 다스렸으니, 훌륭한 신하들이 많은 덕을 보기도 했겠지만 그 스스로도 훌륭한 임금이었음이 분명하다.

주공은 성왕의 삼촌이지만 임금에 대한 충성심이 대단한 사람이었다. 주공은 풍(豐)에서 병이 들어 죽게 되자 "나를 낙읍(洛邑)에 묻어다오. 나는 성왕을 떠나지 않음을 밝히련다."라고 하였다. 주공이 죽자

51 『史記』 卷33 魯周公世家; "初, 成王少時, 病, 周公乃自其蚤沈之河, 以祝於神曰: '王少未有識, 奸神命者乃旦也.' 亦藏其策於府. 成王病有瘳. 及成王用事, 人或譖周公, 周公奔楚. 成王發府, 見周公禱書, 乃泣, 反周公."

성왕은 주공을 문왕의 묘가 있는 필(畢)에 모시고 "소자가 감히 주공을 신하로 삼지 않음을 밝히려는 것이다."라고 하였다 한다.[52] 죽을 때까지도 주공은 성왕을 임금으로 모시려 하고 성왕은 주공을 신하가 아닌 천자나 같은 대우를 하려고 하였던 것이다.

앞에서 이미 얘기하였지만, 주공이 죽은 뒤 폭풍이 부는 날 성왕은 이전에 주공이 무왕 대신 자기를 앓거나 죽게 해달라고 빈 「금등(金縢)」의 글을 열어보고 주공의 덕에 크게 감동하여 주공의 아들 백금(伯禽)이 임금으로 있는 노(魯)나라에서는 주공의 아버지 문왕을 천자의 예를 갖추어 제사 지내도록 하였다.[53] 그러니 주공도 이미 신하가 아닌 신분이 된 것이다. 앞에서 밝힌 것처럼 주공은 성왕 11년에 세상을 떠났다.

『서경』 주서(周書)를 보면 「대고(大誥)」·「강고(康誥)」·「주고(酒誥)」·「자재(梓材)」·「다사(多士)」·「채중지명(蔡仲之命)」 등의 글은 모두 주공이 한 말인데도 "임금님이 이렇게 말씀하셨다.(王若曰.)" 또는 "임금님이 말씀하셨다.(王曰.)"라고 주공의 말을 인용하고 있다. 주공을 완전히 임금이라고 부르고 있는 것이다. 「대고」의 서문에서도 "무왕이 죽자 삼감(三監)[54]과 회(淮)땅의 오랑캐들이 반란을 일으켰다. 주공은 성왕을 보

---

52 『史記』 卷33 魯周公世家; "周公在豐, 病, 將沒, 曰; '必葬我成周, 以明吾不敢離成王.' 周公旣卒, 成王亦讓, 葬周公於畢, 從文王, 以明予小子不敢臣周公也."

53 『史記』 卷33 魯周公世家; 周公卒後, 秋未, 暴風雷雨, … 周國大恐. 成王與大夫朝服以開金縢之書, 王乃得周公所自以爲功代武王之說. … 成王執書以泣, 曰; '… 昔周公勤勞王家, 惟予幼人弗及知. 今天動威以彰周公之德, 惟朕小子其迎, 我國家禮亦宜之.' 王出郊, 天乃雨, 反風, 禾盡起. … 歲則大孰. 於是成王乃命魯得郊祭文王. 魯有天子禮樂者, 以褒周公之德也."

54 殷나라 紂王의 아들 武庚과 그를 감시하던 管叔·蔡叔의 세 사람을 三監이라고 한다. 『漢書』 卷28 地理志; "周旣滅殷, 分其畿內爲三國, 詩風邶, 庸, 衛國是也. 邶, 以封紂子武庚; 庸, 管叔尹之; 衛, 蔡叔尹之: 以監殷民, 謂之三監."

좌하면서 은(殷)나라의 남아 있는 세력을 쓸어 없애려 하였다. 그리고 세상에 널리 고한다는 뜻의 「대고」를 지었다.(武王崩, 三監及淮夷叛, 周公相成王, 將黜殷, 作「大誥」.)"라고 하였다. 물론 여기에서 "왕약왈(王若曰)"이라 말한 것은 "왕이 이렇게 말하라고 하셨다"는 뜻으로 풀이할 수도 있다. 그러나 다음 「강고」에는 "왕약왈" 하고 다음과 같은 주공의 말을 직접 인용하고 있다.

> "제후의 우두머리이며 나의 동생인 작은 사람 봉아! 너의 크게 밝으신 아버지 문왕께서는 … 하늘은 이에 문왕에게 크게 천명을 내리시고 은나라를 쳐 멸하게 하시고, 그 천명을 받들도록 하셨다. … 그것을 나의 형님께서 이어받아 힘쓰셨으니, 그 덕분에 너 작은 사람 봉이 이 동쪽 땅을 다스리게 된 것이다."

> 王若曰; "孟侯朕其弟, 小子封! 惟乃丕顯考文王, … 天乃大命文王, 殪戎殷, 誕受厥命. … 乃寡兄, 勗, 肆汝小子封, 在兹東土."

여기의 봉(封)은 이전 은나라 땅의 반을 쪼개어 위(衛)나라로 봉해 받은 주공의 동생인 강숙(康叔)의 이름이다. 여기에서는 분명히 강숙을 "제후의 우두머리이며 나의 동생"이라 하고 문왕이 받은 천명을 "나의 형님께서 이어받아 힘쓰셨으니"라고 말하며 무왕을 "나의 형님"이라 말하고 있으니 이는 분명히 주공의 말인 것이다. 그런데도 앞머리에 "왕약왈"이라는 주공의 말을 인용하고 있다. 주공은 완전히 임금의 대우를 받고 있었음이 분명한 일이다.

주공에게는 노공(魯公)이 된 아들 백금(伯禽) 이외에도 여섯 명의 아들이 있었다고 한다. 주공은 타고난 천품이 뛰어났을 뿐만 아니라 나이가 많아짐에 따라 더욱 힘쓰고 노력하여 마침내는 후세 사람들로부터 나라의 임금이 아니면서도 성인(聖人)이라고 칭송을 받는 사람이 된다. 『사기』 노주공세가(魯周公世家)에는 주공이 자기 대신 그의 아들 백금(伯禽)을 노(魯) 나라에 봉(封)하고 그 아들을 노나라로 떠나보내면서 다음과 같은 훈계를 하고 있다.

> "나는 문왕의 아들이고 무왕의 아우이며 성왕의 숙부이니, 내 지위는 천하에서 절대로 천하지 않다. 그러나 나는 한 번 머리를 감는 동안이면 세 번이나 젖은 머리를 움켜쥐고 찾아온 손님을 마중하기 위하여 일어서고 한 끼 밥을 먹는 동안에도 세 번이나 먹던 음식을 뱉어 놓고 일어서서 찾아온 선비들을 맞아 응대하고 있다. 그러면서도 천하의 현명한 사람들을 놓치는 일이 있게 될까 두려워하고 있다. 너는 노나라에 가서 삼가 나라를 다스린다고 하여도 사람들에게 교만하지 않아야 한다."[55]

주공은 아들을 노나라에 봉하면서 성의를 다하여 나라를 올바로 다스리라고 당부하고 있다. 여기에서 주공이 스스로 "나는 한 번 머리를 감는 동안이면 세 번이나 젖은 머리를 움켜쥐고 찾아온 손님을 마

55 『史記』 卷33 魯周公世家; "我文王之子, 武王之弟, 成王之叔父, 我於天下亦不賤矣. 然我一沐三握髮, 一飯三吐哺, 起以待士, 猶恐失天下之賢人. 子之魯, 愼無以國驕人."

중하기 위하여 일어서고 한 끼 밥을 먹는 동안에도 세 번이나 먹던 음식을 뱉어 놓고 일어서서 찾아온 선비들을 맞이해 대접하고 있다.(一沐三握髮, 一飯三吐哺, 起以待士.)"고 말한 대목은 지금까지도 옛날 성인들이 훌륭한 선비들을 얼마나 귀중히 여기고 우대하였는가를 밝히는 실화로 많이 인용되고 있다. 그리고 이것은 주공의 지극히 성실한 성격과 함께 그가 선비들을 무척 존중하였음을 증명하는 일화로도 매우 유명하다.

『서경』 주서(周書)에는 「군진(君陳)」편이 있는데 서서(書序)에 의하면 "주공이 돌아가신 뒤 (성왕께서) 군진에게 성주(成周)의 동교(東郊)를 나누어 주어 다스리게 하면서 「군진」을 지었다."고 하였다. 군진은 주공의 아들이요 백금의 동생이며 주평공(周平公)이라고도 불렸다.[56] 그 이상의 주공의 아들 형제들에 관한 기록은 모두 확실치 않다.

주공은 이처럼 훌륭한 분이셨기 때문에 옛날부터 대가들이 굉장히 높이 칭송해 왔다. 예를 들면 『순자(荀子)』 유효(儒效)편에서는 공자의 말을 인용하여 이렇게 말하고 있다.

> "주공은 굉장한 분이시다! 몸이 귀해질수록 더욱 공손해졌고, 집안이 부유해질수록 더욱 검소해졌으며, 적과 싸워 이길수록 더욱 경계를 하였다."[57]

---

56 『書經』 周書 「君陳」 序; "周公旣沒, 命君陳分正東郊成周, 作 「君陳」." 『竹書紀年』; "王命周平公治東都. 約案: 周平公卽君陳, 周公之子, 伯禽之弟."

57 『荀子』 儒效; "周公其盛乎! 身貴而愈恭, 家富而愈儉, 勝敵而愈戒."

『맹자(孟子)』 이루(離婁) 하편에도 이런 말이 보인다.

> "주공은 우(禹)임금·탕(湯)임금·문왕과 무왕의 업적을 아울러 이루고, 그 네 분들이 행한 일을 그대로 따라 하려 하였다. 그러는 중에 맞지 않는 것이 있으면, 하늘을 우러르며 생각하되 밤에도 자지 않고 계속하다가 다행히도 터득하는 것이 있으면 앉은 채로 날이 밝기를 기다렸다."[58]

주공은 순자(B.C. 313?-B.C. 238?)와 맹자(B.C. 372-B.C. 289)가 그의 인덕과 업적을 이처럼 극구 칭송할 정도로 위대한 인물이었다. 이는 두 분이 주공을 성인이라고 받들어 모셨기 때문인 것이다. 극히 문화가 낮은 주나라 초기에 이처럼 주공이란 위대한 인물이 나와서 주나라라는 큰 나라를 건국하고 또 그 큰 나라를 다스릴 여러 가지 정치사회제도를 마련하여 세상을 바르게 잘 다스리도록 했던 것이다. 곧 그 이후로 중국이란 큰 나라와 위대한 중국의 역사와 전통문화가 발전하게 될 터전이 주공에 의하여 마련되었던 것이다.

---

58 『孟子』 離婁 下; "周公思兼三王, 以施四事. 其有不合者, 仰而思之, 夜以繼日, 幸而得之, 坐以待旦."

제3장

주공 단의 공적

1. 천하를 다스리는 주나라를 세우고 한족漢族을 형성시키다

앞에서 이미 주공의 위대한 업적으로 주나라라는 온 천하를 다스리는 큰 나라를 세우고 여러 가지 새로운 제도를 마련하여 그 큰 나라를 잘 다스렸음을 지적하였다. 주나라 이전에는 넓은 중국 땅 안에는 수많은 부족을 바탕으로 이루어진 작은 수많은 나라들이 자리를 잡고 있었다. 따라서 주나라라는 새로운 온 천하를 포괄하는 큰 나라가 건설된 뒤에는 그 나라를 구성하는 새로운 민족으로 한족과 함께 그들의 한문화도 함께하게 됐던 것이다.

중국의 태곳적 역사는 사마천(司馬遷, B.C. 145?-B.C. 86?)이 쓴 『사기(史記)』의 제1권 오제본기(五帝本紀)에 의하면 황제(黃帝, B.C. 2674-B.C. 2573) · 전욱(顓頊, B.C. 2490-B.C. 2411) · 제곡(帝嚳, B.C. 2412-B.C. 2341) · 요(堯, B.C. 2333-B.C.

2233)·순(舜, B.C. 2231-B.C. 2180)의 태곳적 시대의 다섯 명의 황제인 오제(五帝)에 의해 시작된다. 『사기』에는 다시 오제를 뒤이어 하(夏, B.C. 2183-B.C. 1750)·상(商, B.C. 1751-B.C. 1111)·주(周, B.C. 1122-B.C. 255)의 이른바 삼대(三代)의 역사가 제2권·제3권·제4권에 각각 그 나라의 본기(本紀)로 이어지고 있다. 그런데 현대 역사학자들은 모두 중국의 유사시대는 상나라 시대부터라고 인식하고 있다. 그것은 하남성(河南省) 안양현(安陽縣)의 은허(殷墟)에서 발굴된 갑골(甲骨)[1]에 은나라 역대 제왕들에 관한 기록이 있어서, 은나라의 실재가 출토된 갑골의 기록을 통하여 증명되었기 때문이다.

상나라는 여러 번 도읍을 옮겨 다니다가 반경임금(盤庚, B.C. 1398-B.C. 1371 재위) 때 도읍을 은(殷, 지금의 河南省 安陽縣)으로 옮겨 나라가 망할 때까지 그곳을 도읍으로 삼았으므로 나라 이름도 그 뒤로는 흔히 은나라라 부르게 되었다. 사마천은 물론 옛날 역사학자들은 거의 모두 하나라와 은나라는 주나라와 비슷한 나라처럼 여기고 있다. 그러나 하나라와 은나라는 주나라 이전의 작은 나라들 중 세력이 가장 강한 대표적인 나라였다. 따라서 주나라가 은나라를 정벌했다는 것은 주나라가 그때 중국 땅에 존재하던 수많은 나라들을 정복하고 마지막으로 가장 대표적인 은나라를 정벌하여 천하를 통일하였음을 뜻하는 것이다.

---

1 殷나라 때에는 占을 많이 쳤는데, 甲骨이라 부르는 말린 거북 껍데기(龜甲)나 소뼈(牛骨)를 불로 지져 갈라지는 모양을 보고 점치는 것으로 吉凶을 판단하였다. 그리고 점을 친 사람 이름과 날짜, 점을 친 이유와 결과를 卜兆 옆에 새겨놓았다. 그것을 卜辭 또는 甲骨文·甲骨文字라 부른다. 殷나라 도읍지인 河南省 安陽縣 小屯村 일대에서 발굴되었으며, 商나라 政治와 社會 文化를 알려주는 중요한 자료가 되고 있다.

서북쪽에서 내려온 야만적인 주 민족은 특히 싸움만은 잘하여, 황하를 중심으로 하는 중국 땅의 서쪽 지역부터 시작하여 동쪽에 이르기까지 은나라를 포함하는 수많은 작은 나라들을 전부 쳐부수고 온 세상을 하나로 합쳐서 새로운 큰 나라를 건설하였다. 그처럼 처음으로 천하(天下)라 부르게 되는 온 세상을 다스리는 주나라라는 큰 나라를 세운 분이 주공이었다. 주공은 주나라를 건설하고 다시 그 큰 나라를 다스리면서 그 나라를 다스릴 여러 가지 정치사회 제도도 마련하였다. 이에 새로운 한족(漢族)이라는 새로운 민족이 함께하게 되고 그들의 한문화(漢文化)도 형성되기 시작하는 것이다. 따라서 중국이라는 큰 나라의 진정한 역사는 주나라로부터 시작되고 있는 것이다. 그리고 이 큰 주나라를 건설하고 발전시킨 사람이 주나라 초기의 임금인 무왕과 성왕이 아니라 바로 주공인 것이다.

태곳적 시대의 황제인 오제(五帝)는 전설적인 황제들이고 그 뒤를 하나라와 은나라 및 주나라가 잇는데 하나라와 은나라는 부락국가 시대의 작은 나라 중의 하나이다. 중국에서 유사 이래 처음으로 북쪽의 황하(黃河) 유역을 중심으로 서쪽 지역과 동쪽 지역을 합쳐 큰 나라를 건설한 주 민족은 중국 서북쪽의 오랑캐들이 사는 지역으로부터 무력으로 쳐들어온 문화 수준이 극히 낮은 오랑캐족이었다. 그들은 문화 수준이 형편없는 야만 민족이었지만 태왕(太王)이라고도 부르는 고공단보(古公亶父)가 지금의 섬서성(陝西省) 기산현(岐山縣)의 기산(岐山) 아래 부풍(扶風) 근처로 옮겨와 동굴에서 살던 오랑캐식 생활 방식을 버리고 집을 짓고 살면서 문화생활을 시작하여 나라를 부유하게 발전시키기 시작하였다. 여기에서 작은 주나라의 터전이 비로소 이루어진다. 그의 뒤를 아들 계력(季歷)이 이어 주후(周侯)가 되어 왕계(王季) 또는 공계(公季)라고도 부른다. 다시 태왕의 손자인 문왕(文王, B.C. ?-B.C. 1122 재위) 창(昌)은 나라를 다스리면서 더욱 어진 정치를 베풀어 주나라 세력을 날로 강하게 만들었다. 은나라 임금은 문왕을 서쪽 제후들의 우두머리인 서백(西伯)으로 임명하였다. 문왕이 죽자 그의 아들 발(發)이 뒤이어 주나라의 임금인 무왕(武王, B.C. 1122-B.C. 1103 재위)이 되었다.

무왕은 임금 자리에 오른 뒤 주변의 세력들까지 규합하여 포악한 은나라 주왕(紂王, B.C. 1174-B.C. 1111 재위)을 쳐부수어 천하를 통일함으로써 주나라는 천자의 나라가 되었다. 무왕은 은나라를 치기에 앞서 아버지 문왕에게 제사를 지내고 문왕의 영혼을 모신 목주(木主)를 자기 수레에 싣고 가면서 문왕을 받들어 그자들을 정벌하는 것이라 말한다.[2] 본격적인 중국의 역사와 중국의 전통문화는 이 주나라로부터 시작된다고 할 수 있다. 이때 주나라 무왕은 병약한 몸이었다. 무왕을 대신하여 이처럼 큰 나라를 건설하고 다스린 이는 실은 그의 친동생 주공 단이었다. 이 주나라의 출발은 중국 역사상 무엇보다도 크고 중대한 일이었다. 그때에 세워진 대중국은 나라라기보다는 그들의 말을 따라 천하(天下)라 부르는 게 좋을 것이다. 그처럼 중국이라는 넓은 땅에 있던 많은 나라와 종족들을 쳐부수고 천하라고 부르는 큰 나라를 만드는 과정은 잔인한 살인 전쟁의 연속이었다. 미개한 주나라 민족이었기에 가능한 일이었을 것이다. 그들은 큰 주나라를 건국하고

---

2 『史記』 卷4 周本紀; "武王上祭于畢. 東觀兵, 至于盟津. 爲文王木主, 載以車, 中軍. 武王自稱太子發, 言奉文王以伐, 不敢自專. 乃告司馬·司徒·司空·諸節; '齊栗, 信哉! 予無知, 以先祖有德臣, 小子受先功, 畢立賞罰, 以定其功.' 遂興師."

나서는 이 세계에 자기들 나라 이외에 또 다른 세상이나 다른 민족들이 있다는 것은 전혀 의식하지 않게 되었다. 그들의 나라인 천하 주변에는 몇몇 야만민족인 오랑캐들이 살고 있는데 그들은 제대로 나라를 형성하지 못하고 있다고 여기고 있었다.

주나라가 쳐부순 중원 땅의 은나라는 본래 탕임금(湯, B.C. 1751-B.C. 1737 재위)이 세운 상(商)이라 부르던 나라로 지금의 하남성(河南省) 상구(商丘) 지역을 중심으로 하고 있었다. 그 뒤로 상나라는 여러 지역으로 옮겨 다니다가 17대 반경임금(盤庚, B.C. 1398-B.C. 1371 재위) 때에 나라의 도읍을 지금의 하남성 안양(安陽) 지역인 은(殷)이란 고장으로 옮겨 나라 이름도 은이라 바뀌게 되었다. 은나라는 황하의 중하류 지역인 지금의 산동성(山東省) 서북지역으로부터 하남성 서쪽 일부 지역에 걸친 곳을 지배하던 나라였다. 은나라 시대까지 중국의 넓은 땅은 씨족(氏族)을 바탕으로 한 수많은 부락국가(部落國家)들이 차지하고 있었다. 은나라는 중국 동쪽 지방에서 가장 세력이 강하여 많은 부락국가를 거느리던 나라였다. 그리고 은나라는 상당히 문화가 발전하여 이미 한자도 사용하여 우리에게 유명한 그들의 갑골문자(甲骨文字)를 전해주고 있으며, 지금까지 전하는 그들의 청동기(靑銅器) 등의 유물을 통하여 보더라도 이미 상당히 문화가 발전했던 나라이다. 정치사회 제도도 어느 정도 갖추어져 있었고 농업도 상당히 발달한 위에 화폐까지 만들어 썼음이 갑골(甲骨)의 기록에 보이고 있다. 중국의 전통문화는 한자문화(漢字文化)라고도 할 수 있기 때문에 석기시대 이전의 유적이 중국 여러 곳에서 발굴되고 있지만 이 은나라의 유적 유물을 근거로 중국 문화는 황하의 중하류 지역에서 발생하여 발전하였다고 흔히 말하게 되는 것이다.

이에 비하여 주나라 민족은 빈(豳, 지금의 陝西省 栒邑)으로부터 옮겨온 야만민족이었다. 주나라 선조들은 서북 지방에 살던 오랑캐 민족이었는데, 뒤에 고공단보(古公亶父)에 이르러 지금의 서안(西安) 서쪽에 있는 부풍(扶風) 근처로 옮겨왔다. 그곳에 안착한 뒤에야 오랑캐의 습속을 벗어버리고 처음으로 사람들이 사는 집도 짓기 시작하면서 새로운 나라와 문화를 발전시키기 시작하였다.[3]

『시경』 대아(大雅)의 「면(緜)」 시는 주나라 민족이 자기들의 건국을 칭송하며 자신들의 역사를 노래한 시이다. 그 시를 읽어보기로 한다.

「면(緜)」

길게 뻗은 오이 덩굴이여!
백성들을 처음 다스리시기를,
두수(杜水)로부터 칠수(漆水)에 이르는 지역까지 하셨네.
고공단보(古公亶父)께서는
굴을 파고 기거하셨으니,
집이 없기 때문이었네.

緜緜瓜瓞!

3 『史記』 卷4 周本紀; "(古公亶父)… 止於岐下. 豳人擧國扶老攜弱, 盡復歸古公於岐下. 及他旁國聞古公仁, 亦多歸之. 於是古公乃貶戎狄之俗, 而營築城郭室屋, 而邑別居之, 作五官有司."

民之初生, 自土沮漆.

古公亶父, 陶復陶穴, 未有家室.

고공단보께서
일찍이 말을 달려
서쪽 칠수 가로부터
기산(岐山) 밑으로 오셨으니,
여기에서 태강(太姜)과 함께
사시게 되었네.

古公亶父, 來朝走馬,
率西水滸, 至于岐下.
爰及姜女, 聿來胥宇.

주나라의 넓은 들은 비옥하여
쓴 나물 씀바귀도 엿처럼 달다네.
이에 비로소 계획을 세우시고
거북으로 점쳐 보시고는,
여기에 머물러 살기로 하시고
여기에 집을 지으셨네.

周原膴膴, 菫荼如飴.
爰始爰謀, 爰契我龜.

曰止曰時, 築室于茲.

머물러 살게 되자, 왼쪽 오른쪽 땅 모두 다스리고,
땅 경계 긋고 정리하고, 밭 갈고 이랑 내니,
서쪽에서 동쪽에 이르기까지, 두루 일이 잘 처리되었네.

迺慰迺止, 迺左迺右,
迺疆迺理, 迺宣迺畝,
自西徂東, 周爰執事.

집 짓는 일 맡은 사공 부르고, 백성 돌보는 일 맡은 사도를 불렀네.
그들에게 집을 세우게 하니, 터는 먹줄을 따라 곧게 잡혔네.
담틀 세우고 그 안에 흙을 넣고 다져, 묘당도 엄정하고 바르게 되었네.

乃召司空, 乃召司徒,
俾立室家, 其繩則直.
縮版以載, 作廟翼翼.

흙 수레에 척척 흙 담아다, 담틀에 퍽퍽 흙 퍼붓고,
탕 탕 흙 다지며, 척척 높은 곳은 깎아내려,
모든 담벽 다 세우니, 북을 치며 일을 독려할 필요도 없었네.

捄之陾陾, 度之薨薨,

築之登登, 削屢馮馮.

百堵皆興, 鼛鼓弗勝.

바깥 성곽 문을 세우니, 바깥문은 우뚝하고,
궁전의 정문을 세우니, 정문은 반듯하네.
땅의 신 모시는 사당 세우자, 못된 오랑캐들은 떠나갔네.

迺立皐門, 皐門有伉,

迺立應門, 應門將將,

迺立冢土, 戎醜攸行.

오랑캐들의 불만이 끊이지 않았으나, 그들을 돌보아주는 일 게을리 하지 않았네.
갈참나무 백유나무 뽑아내어, 사방으로 길 통하게 하자,
오랑캐들 두려워 뛰어 도망치며, 어쩔 줄을 모르더라네.

肆不殄厥慍, 亦不隕厥問,

柞棫拔矣, 行道兌矣,

混夷駾矣, 維其喙矣.

우나라와 예나라가 잘잘못 가리려고 왔다 화해하였으니, 문왕께서 그들을 감동시킨 덕분이었네.

내가 보니 먼 사람들은 친근하여지고, 먼저 친해진 이는 뒷사람을 끌어들였네.
내가 보니 부지런히 뛰어다니며 섬기었고, 남이 넘보지 않도록 막아내었네.

虞芮質厥成, 文王蹶厥生.
予曰有疏附, 予曰有先後.
予曰有奔奏, 予曰有禦侮.

주나라 민족은 본래 땅굴을 파고 그 속에서 살던 야만민족이었다. 「면」 시는 주나라 민족이 야만적인 생활을 하다가 고공단보에 이르러 서북쪽 거친 땅에서 기산 아래로 옮겨와 비로소 집도 짓고 살면서 야만적인 생활에서 벗어난 뒤 자기 나라와 주변의 오랑캐들까지도 덕으로 다스리는 문화적인 국가로 발전하게 된 과정을 스스로 노래한 시이다. 아마도 주나라 초기에 주나라 사람들 스스로가 자기네 영광을 칭송하기 위해서 지은 작품일 것이다. 제1장과 제2장에서는 태왕(太王)이라고도 부르는 고공단보가 오랑캐 지역에서 야만적인 생활을 하다가 기산 아래로 나라를 옮겨와 처음으로 집을 짓고 동궁생활로부터 벗어나기 시작한 것을 노래하고 있다. 이때 태왕의 부인인 태강도 함께 왔음을 읊고 있다. 제3장에서는 나라를 안정시킨 다음 비로소 집을 짓고 땅을 다스려 야만적인 생활에서 벗어나는 실상을 노래하고 있다. 그리고 제4장에서는 자기들이 살 땅을 정리하는 모습을 노래하고, 제5·6·7장으로 이어지는 사이에서는 기산 아래 주변의 땅을 잘 정리한 뒤, 땅을 닦고 터를 잡아 집을 짓기 시작하여, 자기들이 살 집과 묘당을 짓고 성문을 세우고 궁전을 짓는 모습을 노래하고 있다. 제8장에서는 자기네 살 곳을 마련한 뒤 그 주변의 오랑캐 족속들을 처치한 얘기를 읊고 끝머리 제9장에 가서는 주나라 문왕(文王)에 이르러는 덕으로 나라를 다스려 오랑캐들도 그들에게 크게 감복하게 되었음을 노래하고 있다. 특히 첫 구절에는 앞 제2장에서 이미 인용한 우(虞)나라와 예(芮)나라 사람들 고사가 인용되고 있다. 곧 우나라와 예나라 임금은 땅의 경계를 두고 오랜 동안 싸워왔다. 결국 그들은 덕이 많은 주나라 문왕을 찾아가 잘잘못을 가리도록 하자고 하였다. 이들 두 임금이 문왕을 만나려고 주나라 경계 안으로 들어와 보니 시골의 밭가는 사람들도 모두가 서로 자기 밭의 경계를 상대방에게 서로 양보하고 있었다. 이를 보고 두 나라 임금은 감동하여 우리 같은 소인은 군자의 땅을 밟기조차도 송구스럽다고 말하며, 다투던 땅을 서로 양보하며 되돌아갔다는 얘기이다.[4] 이 시는 주나라가 문화민족으로 발전하는 기틀을 읊은 유명한 작품이다. 주나라 민족은 서북쪽으로부터 기산 아래 부풍 근처 지방으로 옮겨온 뒤에야 야만적인 생활에서 벗어나기 시작한 미개한 민족이었던 것이다.

그러니 주나라는 실제로 태왕 고공단보로부터 출발하고 있다고 볼 수 있다. 그리고 다시 그의 손자인 문왕은 풍(豐)[5]을 도읍으로 하고 호

---

4 『史記』 卷4 周本紀 근거, 앞 제2장 주 47) 참조.

5 『史記』 卷4 周本紀; "西伯陰行善, 諸侯皆來決平. 於是虞·芮之人有獄不能決, 乃如周. 入界, 耕者皆讓畔, 民俗皆讓長. 虞·芮之人未見西伯, 皆慚, 相謂曰; '吾所爭, 周人所恥, 何往爲, 取辱耳.' 遂還, 俱讓而去. 諸侯聞之, 曰; '西伯蓋受命之君.'"

륭한 정치를 베풀며 주변 여러 나라들을 쳐서 종속시켜 주나라의 세력을 크게 떨치게 하였다. 다시 그의 아들 발(發)인 무왕(武王)이 동생 주공 단의 도움을 받아 나라를 다스리며 도읍을 호경(鎬京)[6]으로 옮긴 다음 여러 작은 나라들을 정복하고 최후로 가장 세력이 컸던 은나라를 쳐부수어 중국 황하 유역을 중심으로 하는 서북쪽 지방에 한 명의 황제가 다스리는 큰 주나라를 건설하였다. 이에 한 사람의 제왕이 온 세상 곧 천하를 다스리는 중국의 지리적 정치적 문화적 터전이 마련되었던 것이다. 주공은 형인 무왕을 도와 은나라를 정복한 뒤 은 민족을 자기들에게 굴복시키기에 힘쓰는 한편 은나라 지식인들을 달래어 자기 편으로 만들어 놓고 은나라의 발전한 정치제도와 문화를 배워 새로운 자기들의 제도와 문화를 만들려고 노력하였다. 무왕과 주공은 은나라를 정벌하여 주왕(紂王)을 죽이고는 은나라 옛 땅을 크게 셋으로 나눈 다음 은나라 주왕의 아들 무경(武庚) 녹보(祿父)를 패(邶, 지금의 河南省 淇縣 북쪽 지역)에 봉해주어 조상들의 제사를 이어갈 수 있게 해주고는 다시 그들 동생 관숙(管叔) 선(鮮)은 용(鄘, 지금의 河南省 汲縣 지역)에 봉하고 다른 동생 채숙(蔡叔) 도(度)는 위(衛, 지금의 河南省 淇縣 동북쪽 지역)에 봉해주어 무경의 행동을 감시케 하였다 한다.[7] 그러나 이것도 실은 발전한 은나라 문화를 배워 수용하려는 주공의 한 술책이었다고 볼 수도 있다.

주 민족은 오랑캐 민족이어서, 문왕과 무왕 및 주공은 후세에 성인

---

6 鎬京은 지금의 陝西省 長安縣 서쪽 지역.

7 『史記』 卷4 周本紀; "已殺紂, … 封紂子武庚祿父, 使管叔·蔡叔傅之, 以續殷祀." 『漢書』 卷28 地理志; "周旣滅殷, 分其畿內爲三國, … 邶, 以封紂子武庚. 庸, 管叔尹之; 衛, 蔡叔尹之, 以監殷民, 謂之三監."

처럼 훌륭한 인물로 알고 있지만 그들의 전쟁 방법은 무척 잔인하였다. 중국 같은 여러 부족이 살고 있는 넓은 땅을 한 나라로 통일하자면 무수한 사람들을 죽이는 잔인한 싸움을 하지 않고는 불가능한 것이다. 중국인들은 주공을 성인으로 받들어 모시기 위하여 흔히 별로 싸우지도 않고 은나라를 정벌한 것처럼 애기하고 있다. 그러나 그것은 사실일 수가 없는 일이다.

현대 사학자인 샤쩡유(夏曾佑)는 그의 『중국고대사(中國古代史)』에서 "중국 역사에는 한 가지 공식이 있었다."고 하면서 그 공식을 다음과 같이 설명하고 있다.

> "태평스러운 세상은 반드시 혁명으로 전쟁이 치러진 뒤의 사오십 년간이다. 이 뒤로부터 융성한 세상이 대략 100년 동안 이어진다. 100년 뒤에는 다시 어지러운 현상이 일어나고, 다시 수십 년 동안 더욱 익어 마침내는 대란이 오게 되어 다시 혁명이 일어나는 형국이 된다. 한(漢)·당(唐)·송(宋)·명(明)의 나라들이 다 그러하였다. ……
>
> 대란이 일어난 뒤에는 백성들 수가 줄어들어 자연 생산되는 물건들이 그들을 먹이고도 여유분이 있게 되고, 호걸이나 혼란을 일삼는 무리들도 모두 이미 죽어버려 살아남은 사람들은 혼란을 싫어하며 구차하게 살면서도 과분한 소망 같은 것이 없다. 이것이 바로 태평 세상이 오는 원리이다."[8]

샤쩡유는 후세 한(漢)·당(唐)·송(宋)·명(明) 등의 대제국만을 보기로 들어 대란을 통해서 이들 대제국이 건설되고 나면 "백성들 수가 줄어들어", "태평 세상"이 온다고 했다. 그런데 그처럼 잔인하게 수많은 사람들을 죽이고 대제국을 세우는 선례는 그 전의 주나라가 이미 만들어 놓은 것임은 언급하지 않고 있다.

중국 역사책에서는 흔히 주나라 무왕이 은나라 주왕의 군대를 공격할 때 병력은 은나라 쪽이 훨씬 더 많았으나 은나라 군사들이 돌아서서 자기편을 공격하여 주나라는 별로 싸우지도 않고 전쟁을 쉽게 이겼다고 쓰고 있다.[9] 그러나 별로 싸우지도 않고 이길 수 있을 정도로 주나라의 중원 정복이 간단할 수는 없는 것이다. 주 민족은 오랑캐 출신의 야만민족이었음을 기억해야 한다. 주나라 군대는 잔인한 방법으로 은나라 사람들을 죽였다. 경전인 『서경』 무성(武成)편을 보면 무왕이 은나라를 칠 때의 실황을 이렇게 묘사하고 있다.

> "사람들이 흘린 피가 흘러가는 위에 절굿공이가 떠다녔다."[10]

그때의 전쟁은 엄청나게 많은 은나라 사람들을 죽여, 죽은 사람들의 흘린 피가 강물처럼 흘러갔던 처참한 전쟁이었던 것이다. 『일주서(逸周書)』 세부(世俘)편에는 무왕의 전쟁 성과에 대한 다음과 같은 기록이 보인다.

---

8 "中國歷史有一公例." "太平之世, 必在革命用兵之後四五十年. 從此以後, 隆盛之世約及百年. 百年之後, 又有亂象, 又醞釀數十年, 遂致大亂, 復成革命之局. 漢·唐·宋·明, 其例一也. … 大亂之後, 民數減少, 天然之產, 養之有餘. 而豪傑敢亂之徒, 並已前死, 餘者厭亂苟活, 無所奢望. 此卽太平之原理."

9 『史記』 卷4 周本紀 및 『書經』 周書 武成편.

10 『書經』 周書 武成; "會于牧野, … 血流漂杵."

"무왕이 마침내 사방의 나라들을 정벌하여 쳐부순 나라가 99개이고, 목을 벤 수가 1억 10만 7,779명이고, 포로가 3억 1만 230명이고, 굴복시킨 나라들이 652개였다."[11]

사마천(司馬遷)의 『사기(史記)』 백이열전(伯夷列傳)을 보면 무왕이 은나라를 치자 백이(伯夷)와 숙제(叔齊)라는 두 형제는 두 임금을 섬기지 않겠다고 하며 수양산(首陽山)으로 들어가 숨어 살다가 굶어죽었다고 한다. 그 두 형제는 수양산으로 들어가기 전에 주나라 무왕을 찾아가서 무왕이 은나라를 치는 것은 "폭력으로 폭력에 대신하는 것(以暴易暴)"이라 말하며 전쟁을 만류하였다고 한다. 이 백이와 숙제의 말은 주나라 무왕이나 은나라 주왕이나 다 같이 폭력을 앞세우는 포악한 임금임을 뜻하는 말로 받아들일 수 있다. 실제로 이들은 모두 잔악한 인물들인데 그중에서도 무왕과 주공은 더욱 잔인한 성격의 오랑캐들이었다. 성왕 때 주공은 동생 강숙(康叔)을 위(衛)나라에 봉하면서 당부하는 말을 전하는데 그 기록이 『서경』 주서(周書)에 「강고(康誥)」로 남아 전해지고 있다. 그 「강고」를 보면 다음과 같은 말들이 보인다.

"사람에게 작은 죄가 있다 하더라도 과실이 아니고 끝내 그러하면 스스로 법을 따르지 않는 것이다. 남들이 따라할 것이니 그의 죄가 작다 하더라도 죽이지 않아서는 안 된다."[12]

---

11 『逸周書』 卷36 世俘; "武王遂征四方, 凡憝國九十有九國, 馘磿億有十萬七千七百七十有九, 俘人三億萬有二百三十, 凡服國六百五十有二."

12 『書經』 周書 康誥; "人有小罪, 非眚乃惟終, 自作不典. 式爾, 有厥罪小, 乃不可不殺."

"재물 때문에 사람을 죽이고 억지를 쓰고 죽음을 두려워 않거든 모두 사형에 처하라."[13]

"크게 악한 자는 크게 미워하고, …… 그들을 벌하고 용서치 마라."[14]

"따르지 않는 자들은 크게 법으로 다스려 …… 모두 죽여라."[15]

그리고 같은 주서의 「주고(酒誥)」에서도 강숙에게 백성들이 술을 너무 마시지 못하도록 하라고 당부하면서 이렇게 말하고 있다.

"여럿이 술을 마시고 있거든 너는 놓치지 말고 그들을 모두 잡아 주나라로 보내라. 나는 모두 죽여 버릴 것이다."[16]

얼마나 잔인한 사람들이었는가 짐작이 갈 것이다. 간단한 일일지라도 자기네 말을 따르지 않으면 그런 자들은 모두 그 자리에서 죽여 버리라는 것이다. 그들은 아주 잔인하게 나라와 백성들을 다스렸던 것이다. 그처럼 넓고 큰 나라는 그러한 방법으로 다스리지 않으면 한 나라로 그처럼 넓은 땅과 수많은 종족들을 다스릴 수가 없는 것이다. 다만 후세에 주공을 성인으로 받들면서 주공의 잔인한 성격이나 행동

---

13 『書經』 周書 康誥; "殺越人于貨, 暋不畏死, 罔不憝."

14 『書經』 周書 康誥; "元惡大憝, … 刑茲無赦."

15 『書經』 周書 康誥; "不率大戛, … 率殺."

16 『書經』 周書 酒誥; "羣飮, 汝勿佚, 盡執拘, 以歸于周. 予其殺."

은 적극적으로 역사 기록에서 지워버렸을 것이다.

이미 앞 장에서 밝힌 것처럼 무왕이 문왕의 뒤를 이어 주나라를 다스리게 되었을 적에 주공 단(旦)은 보(輔), 태공 망(望)은 사(師), 소공 석(奭)과 필공 고(高)는 왕사(王師)라는 높은 자리에 앉아 무왕을 보좌하여 나라를 다스리는 일에 참여하였다.[17] 특히 주공 단은 무왕이 임금 자리에 오른 뒤로는 늘 무왕 곁에서 임금의 하는 일을 도와 가장 많은 일을 처리하였다. 은나라 주왕(紂王, B.C. 1174-B.C. 1111 재위)을 치러 동쪽 맹진(盟津, 孟津이라고도 하며, 지금의 河南省 孟縣 남쪽)에 제후들과 함께 모였을 때에도 주공은 무왕과 함께 하였고, 목야(牧野, 지금의 河南省 淇縣 남쪽 지역)에서 주왕을 칠 때에도 무왕을 도우며 「목서(牧誓)」라는 글을 지어 세상에 공표하였다. 「목서」는 은나라 주왕을 치기 전에 주 나라 군사들에게 한 훈시이다. 「목서」 첫머리를 보면 "임금님께서 말씀하셨다.(王曰)"고 하고는 다음과 같은 말이 실려 있다.

> "아아! 나의 우방 제후들과 일을 맡은 사도·사마·사공·아려·사씨·천부장·백부장들 및 용·촉·강·무·미·노·팽·복 사람들이여! 그대들의 창을 들고, 그대들의 방패를 나란히 하고, 그대들의 긴 창을 세우시오! 내가 훈시를 하리다!"[18]

---

17 『史記』 卷4 周本紀; "武王卽位, 太公望爲師, 周公旦爲輔, 召公·畢公之徒左右王師, 修文王緖業."

18 『書經』 周書 武成; "嗟! 我友邦冢君, 御事司徒·司馬·司空·亞旅·師氏·千夫長·百夫長, 及庸·蜀·羌·髳·微·盧·彭·濮人! 稱爾戈, 比爾干, 立爾矛! 予其誓!"

여기에 보면 주나라 관리로 이미 사도(司徒)·사마(司馬)·사공(司空)·아려(亞旅)·사씨(師氏)·천부장(千夫長)·백부장(百夫長) 같은 관리들이 갖추어져 있고, 용(庸)·촉(蜀)·강(羌)·무(髳)·미(微)·노(盧)·팽(彭)·복(濮) 등의 서북지방 부족들이 주나라를 따르고 있다. 주공이 아니었다면 이러한 시기에 주나라가 은나라를 치는 데 도움이 될 이러한 조건들을 모두 갖추기가 매우 어려웠을 것이다. 주공에 의하여 이러한 준비가 모두 잘되어 있었기 때문에 야만적인 주나라가 굉장히 발전한 문화를 갖고 있던 은나라를 쳐부술 수가 있었던 것이다.

무왕이 은나라를 치러 처음에 맹진(盟津)으로 나갈 적에 아직 문왕의 상을 완전히 치르지 못하여 문왕의 신주(神主)를 수레에 모시고 은나라를 치는 것이 문왕의 뜻을 따르는 일이라고 하며 나아갔었고, 주변 800부족의 제후들도 은나라를 치는 데 동조하여 모여들었으나 무왕은 천명(天命)을 알 수가 없다고 하며 중간에 되돌아왔다. 그러나 은나라 주왕의 횡포가 날로 더 심해진다는 말이 들리자 이년 뒤 다시 동쪽 은나라를 정벌하게 된다.[19] 이는 주공의 신중함을 알려주는 얘기라고 믿어진다.

무왕 밑에는 태공·소공·필공 등 뛰어난 대신들이 많았지만 주공은 무왕의 아우여서 실상은 무왕이 아니라 주공이 이들도 모두 거느리고 나랏일을 처리했던 것이다. 따라서 야만민족이 세운 주나라가 문

---

19 『史記』 卷4 周本紀; "九年, 武王上祭于畢. 東觀兵, 至于盟津. 爲文王木主, 載以車, 中軍. 武王自稱太子發, 言奉文王以伐, 不敢自專. … 是時, 諸侯不期而會盟津者, 八百諸侯. 諸侯皆曰; '紂可伐矣.' 武王曰; '女未知天命, 未可也.' 乃還師歸. … 居二年, 聞紂昏亂暴虐滋甚, … 於是武王遍告諸侯曰; '殷有重罪, 不可以不畢伐.' 乃遵文王, 遂率戎車三百乘, 虎賁三千人, 甲士四萬五千人, 以東伐紂."

왕의 뒤를 이은 무왕 대에 와서 군사력도 강하고 문화도 높은 수준으로 발전시키고 있던 은나라를 쳐부수고 넓은 중국 땅을 힘으로 지배하는 새로운 나라를 건설하게 된 것은 주나라에 주공이라는 뛰어난 인물이 있었던 덕분이다.

주나라 군대가 은나라를 정벌하여 주왕을 쳐 죽인 다음에는 은나라 사당에 들어가 주공은 큰 도끼를 들고 소공은 작은 도끼를 든 다음 무왕과 함께 제사를 지내면서 주왕의 죄를 하늘과 은나라 백성들에게 널리 알리었다. 그리고 주왕의 무도함을 간하다가 죄를 짓고 노예가 되어 있던 주왕의 삼촌인 기자(箕子)를 자유롭게 해주고, 주왕의 아들 무경(武庚) 녹보(祿父)를 은나라 땅에 봉해주어 은나라 조상들의 제사를 이어가게 한 다음 주공의 형제인 관숙(管叔)과 채숙(蔡叔)을 그 고장에 봉하여 무경을 감시하게 하였다. 주공 단은 곡부(曲阜)가 있는 노(魯)나라에 봉해주어 노공(魯公)이 되었으나 주공은 봉지로 부임하지 않고 남아서 무왕을 보좌하였다.[20] 실은 이러한 봉건제도도 새로운 큰 주나라를 다스리기 위하여 주공이 마련한 제도이다. 실은 주공을 노나라에 봉한 것도 주공 자신이다. 그러기에 자기 자신을 봉한 노나라에는 아들 백금(伯禽)을 대신 보내어 다스리게 한다. 그리고 다음 장에서 자세히 얘기할 것이지만 무왕이 죽자 어린 성왕(成王)이 그 뒤를 이었는데, 주공이 성왕을 대신하여 나랏일을 처리하였다.[21]

---

20 『史記』 卷33 魯周公世家; "周公旦者, 周武王弟也. … 及武王卽位, 旦常輔翼武王, 用事居多. 武王九年, 東伐至盟津, 周公輔行. 十一年, 伐紂, 至牧野, 周公佐武王, 作牧誓. 破殷, 入商宮. 已殺紂, 周公把大鉞, 召公把小鉞, 以夾武王, 釁社, 告紂之罪于天及殷民. 釋箕子之囚. 封紂子武庚祿父, 使管叔·蔡叔傅之, 以續殷祀. 遍封功臣同姓戚者. 封周公旦於少昊之虛曲阜, 是爲魯公. 周公不就封, 留佐武王."

그리고 앞에서 얘기한 것처럼 황제라는 한 사람의 통치자가 천하라고도 부르는 큰 나라를 다스리는 방법으로 후세에 크게 발전한 봉건제도를 처음으로 시행한 것도 주공이다. 『사기』 주본기(周本紀)에는 다음과 같은 기록이 보인다.

> "무왕은 옛 성왕들을 생각하고는 곧 예를 갖추기 위하여 신농(神農)의 후손을 초(焦)에, 황제(黃帝의 후손을 축(祝)에, 요임금의 후손을 계(薊)에, 순임금의 후손을 진(陳)에, 우임금의 후손을 기(杞)에 봉하였다. 그러고는 공신과 모사들을 봉하였는데, 사(師)인 상보(尙父)를 첫째로 봉하였다. 상보를 영구(營丘)에 봉하고 제(齊)라 불렀다. 아우 주공단을 곡부(曲阜)에 봉하고 노(魯)라 불렀다. 소공(召公)은 연(燕)에 봉하였다. 아우 숙선(叔鮮)을 관(管)에 봉하였다. 아우 숙도(叔度)를 채(蔡)에 봉하였다. 나머지 사람들도 각각 차례대로 봉해주었다."[22]

이러한 새로운 제도를 마련하였던 덕분에 주 나라는 천하라고도 부르게 된 큰 나라를 황제 한 사람이 다스릴 수 있게 되었던 것이다. 앞에 이미 말한 것처럼 노나라에는 주공이 아들 백금(伯禽)을 자기 대신 보내어 다스리게 하고 자신은 조정에 그대로 남아 온 천하를 다스리기 시작하였다. 이러한 새로운 제도를 적용하였던 덕분에 풍습과 말

21 『史記』 卷33 魯周公世家; "其後武王既崩, 成王少, 在强葆之中. 周公恐天下聞武王崩而畔, 周公乃踐阼代成王攝行政當國. … 於是卒相成王, 而使其子伯禽代就封於魯."

22 『史記』 卷4 周本紀; "武王追思先聖王, 乃褒封神農之後於焦, 黃帝之後於祝, 帝堯之後於薊, 帝舜之後於陳, 大禹之後於杞. 於是封功臣謀士, 而師尙父爲首封. 封尙父於營丘, 曰齊. 封弟周公旦於曲阜, 曰魯. 封召公 於燕. 封弟叔鮮於管, 弟叔度於蔡. 餘各以次受封."

이 모두 서로 다른 여러 종족이 모여 사는 넓은 중국 땅을 한 나라로 다스릴 수가 있었던 것이다. 그리고 중국이라는 넓고 큰 나라가 지금까지 존재하게 된 것도 주나라를 세운 주공의 제도가 그 바탕이 되었다고 할 수가 있다.

또 하나 재미있는 현상의 하나는 천하를 나누어 여러 제후들에게 다스리도록 한 뒤, 특히 춘추전국시대에 가서는 제후들은 서로 다투며 자기 세력을 키우기 위하여 자신의 영토를 늘려나갔다. 덕분에 주나라 천자의 정치적인 영토는 날로 확장되어 장강 이남까지도 포함되는 현상을 보였다. 곧 봉건제도 덕분에 주나라 영토가 날로 커졌던 것이다. 그러나 반대로 천자의 실권은 날로 오므라들었다.

후세에 이르러는 거의 모든 중국 역사책에 은나라의 마지막 임금인 주왕이 포악하고 무도하여 백성들의 뜻을 따라 덕으로 정치를 베풀던 주나라 무왕이 은나라를 쳐부수었다고 기술하고 있다. 그러나 그것은 후세에 중국 역사가들이 주나라의 침략전쟁을 합리화시켜 주기 위하여 꾸며낸 이야기일 것이다. 어느 나라를 막론하고 야만민족의 침략전쟁은 잔인하고 무자비한 것이 일반적이다. 주나라는 은나라에 비하여 극히 야만적인 미개한 민족의 나라였다.

구제강(顧頡剛, 1893-1980)의 「주왕의 악한 짓 70종류가 생겨난 차례(紂惡七十事的發生次第)」[23]라는 논문을 보면 은나라 주왕이 한 나쁜 짓에 대한 기록의 시대적인 차례에 대하여 논술하고 있다. 우선 『서경(書經)』의 기록만을 보더라도 "술을 많이 마시고", "포악한 짓을 하고", "극

23 『古史辨』 第2冊 上編 (『人民日報』, 1957. 5. 28. 所載.)

도로 사치스러운 생활을 하면서 백성들을 해치고", "충성스럽고 훌륭한 사람들을 불에 태워 죽이고", "임신한 여자의 배를 갈라보고", "부녀자의 말만 듣고", "제사를 제대로 지내지 않는다."라는 것들을 들고 있다.[24] 그런데 이러한 주왕의 나쁜 짓은 후세로 오면서 시대를 따라 계속 보태어진 것이라는 것이다. 다시 그 뒤로도 "살아있는 충신 비간(比干)의 심장을 꺼내 보았다."는 등의 수많은 포악한 행위가 더 보태어져 갔다.[25] 그러나 최근에 와서는 주왕이 폭군이라는 설을 뒤집는 주런루이(朱人瑞)의 「주왕을 대신하여 사건을 뒤엎는다(替紂王翻案)」[26]는 등의 논문도 나왔다.

앞에서 이미 설명한 것처럼 주나라 무왕은 은나라를 쳐부수고 나서 은나라 주왕의 아들 무경(武庚) 녹보(祿父)를 은나라 옛 땅 일부에 봉해 자기 조상의 제사를 받들게 한 뒤 자기 동생 관숙(管叔)과 채숙(蔡叔)을 또 그 근처의 은나라 땅에 봉해주어 그를 감시하도록 하였다.[27] 무왕은 천하를 통일하고 나서 앓다가 2년 뒤에 병으로 죽어[28] 어린 아들 성왕(成王, B.C. 1104-B.C. 1066)이 임금 자리를 계승한다. 무왕이 주나라를 세운 뒤 3년 또는 6·7년 뒤에 죽었다는 기록도 있으니[29] 확실히 몇 년 뒤에 죽었는지 알 수가 없다.

---

24 『書經』 周書 泰誓 上; "商王受(紂)… 沈湎冒色, 敢行暴虐. … 宮室臺榭陂池侈服, 以殘害于爾萬姓. 焚炙忠良, 刳剔孕婦." 周書 泰誓 下; "商王受, 惟婦言是用, 昏棄厥肆祀."

25 『史記』 卷3 殷本紀; "紂愈淫亂不止. … 比干曰; '爲人臣者, 不得不以死爭.' 强諫紂. 紂怒曰; '吾聞聖人心有七竅.' 剖比干, 觀其心."

26 121) 『人民日報』, 1957. 5. 28.

27 『史記』 卷33 魯周公世家; "已殺紂, … 封紂子武庚祿父, 使管叔·蔡叔傅之, 以續殷祀."

28 『史記』 卷4 周本紀; "武王已克殷, 後二年, …武王病, … 後而崩, 太子誦代立, 是爲成王." 『史記』 卷 封禪書; "武王克殷二年, 天下未寧而崩."

무왕은 임금 노릇을 여러 해 제대로 하지 못하고 죽었음은 확실한 것이다. 주나라에는 무척 현명한 무왕의 아우인 주공(周公) 단(旦)이 있어서, 실제로는 그가 병약하여 몇 년 임금 자리를 지키지도 못한 무왕을 대신하여 주나라를 세우고 다스려 왔던 것이다. 형식상 모든 일이 무왕의 명령에 이루어졌을 뿐이지만 사실은 모두 주공이 시행한 것이었다. 무왕이 죽은 뒤에는 나라를 다스릴 능력이 없는 어린 성왕이 뒤를 이어 나랏일은 계속하여 주공이 맡아 처리하게 된다. 주공은 성왕을 대신하여 나라를 잘 다스렸으나 이때부터 주공의 형제들 중에는 주공의 통치를 은근히 시기하는 사람들도 있었다.[30] 결국 주공의 아우인 관숙(管叔)과 채숙(蔡叔)은 그들이 감시하던 은나라 주왕의 아들 무경(武庚) 녹보(祿父)와 근처의 오랑캐족인 회이(淮夷)와 서융(徐戎) 등을 충동질하여 반란을 일으키게 된다.[31] 주공은 곧 출정하여 3년에 걸쳐 그들을 정벌하고 동쪽 지방을 안정시킨 뒤 은나라에서 쓰던 한자의 전신인 갑골문자를 비롯하여 여러 가지 문물제도를 그대로 가져다가 주나라에 적용하여 새로운 주나라의 문화를 발전시키기도 한다. 주공의 동쪽 정벌에 대하여는 다음 장에서 자세히 설명될 것이다. 이때 주공이 은나라의 문물을 가져다가 그것을 본떠서 새로 제정하여 시행하기 시작한 새로운 제도가 바로 중국의 전통문화 곧 한문화의 바탕을 이루게 된다.

---

29 『淮南子』 要略; "武王立三年而崩." 『逸周書』 卷6 明堂; "是以周公相武王以伐紂, 夷定天下, 旣克紂, 六年而武王崩." 『管子』 第51 小問; "武王伐殷克之, 七年而崩."

30 『書經』 周書 「金縢」; "武王旣喪, 管叔及其群弟, 乃流言於國曰; 公將不利於孺子."

31 『書經』 周書 「大誥」序; "武王崩, 三監(管叔·蔡叔·霍叔 세사람)及淮夷叛."
『史記』 卷33 魯周公世家; "管·蔡·武庚等果率淮夷而反."

주나라는 문왕의 뒤를 무왕이 이어받아 은나라 주왕을 정벌하고 천하를 통일하였다고 하지만, 무왕은 처음부터 건강이 좋지 못하여 중요한 나랏일을 옆에서 아우인 주공이 모두 처리하였고 은나라 주왕을 정벌하는 일도 실제로는 주공이 주역이었다. 무왕이 병이 들어 위독하자 주공이 무왕의 병이 낫게 해달라고 자기 조상들에게 제사를 지내면서, 형님인 무왕 대신 자기가 병이 들어 앓다가 죽게 해달라고 축문을 지어 빌었음은 이미 앞에서 얘기하였다. 그 축문이 『서경』 주서(周書) 속에 전하고 있는 「금등(金滕)」편이다. 무왕의 병은 그 덕에 잠시 완쾌되었다가 다시 병이 나서 곧 죽어버린다. 그러니 무왕이 임금자리를 계승하기는 하였지만 실지로 나랏일은 모두 주공이 처리하였던 것이다. 곧 주공의 노력으로 주나라라는 큰 나라가 만들어지고 다시 여러 종족들이 합쳐져 한족이라는 중국민족이 형성된 위에 한문화도 발전하는 바탕이 마련되는 것이다.

이때 주나라의 도읍 호경(鎬京, 지금의 陝西省 長安縣 서남 지역)은 너무나 서쪽 변두리에 치우쳐 있어서 천하를 다스리기에 불편하였다. 이에 주공은 동편으로 진출하여 천하의 중앙 지역에 해당하는 황허 중류의 낙수(洛水, 河南省) 가에 새로운 도시 낙읍(洛邑)을 건설하였다. 이때 주공은 엄하게 다스려도 저항이 끊이지 않는 은나라 백성들을 강제로 동원시켜 노예처럼 부리면서 이 새로운 도읍을 건설하였다. 이 새로운 도읍이 이루어진 뒤에는 본래의 도읍인 호경을 종주(宗周)라 부르는 한편 낙읍은 성주(成周)라고도 부르게 되었다.

오랑캐에 가까운 주나라가 무력으로 동쪽의 높은 문화를 발전시키고 있던 은나라를 쳐부수고 황하 유역 동서 지방을 합친 넓은 지역의 여러 종족들을 아울러 지배하게 된 것이다. 이처럼 주공 단의 활약에 의하여 주 나라라는 큰 '천하'가 건설되고 이 새롭게 건설된 천하를 지배하는 새로운'한족'이라는 거대한 민족이 형성되는 것이다.

2. 주나라의 정치사회제도를 마련하고 봉건제도를 실시하다

앞에서 주공이 천하를 다스리는 주나라를 건설하고 한족을 형성시켰음을 설명하였다. 그리고 주나라 첫째 임금인 무왕과 둘째 임금인 성왕을 대신하여 나라를 다스려 주나라의 터전을 마련했다는 것도 논하였다. 그리고 천하를 다스리는 새로 건설된 주나라를 제대로 다스리기 위하여 새로운 정치사회 제도를 실시하였는데 그중에서도 가장 두드러진 업적이 봉건제도의 시행이라 할 수 있다. 주공은 주나라라는 동쪽과 서쪽을 합친 큰 나라를 처음으로 건설하고 또 이 큰 나라를 한 사람의 황제가 다스릴 수 있는 새로운 제도도 마련하였던 것이다. 이 장에서는 주공이 마련한 새로운 정치사회제도에 대하여 논하려는 것이다. 제목에 함께 내세운 봉건제도라는 것도 이 새로운 큰 나라를 황제가 장악하고 다스릴 수 있도록 마련한 가장 중요한 새로운 제도의 하나이다.

이때 주공이 마련한 새로운 정치제도에 대한 기록으로는 『서경』 주서(周書)에 실려 있는 「입정(立政)」과 「주관(周官)」의 두 편이 있다. 『사기(史記)』에는 성왕 때에 이르자 천하는 어느 정도 안정되었으나 주나라의 정치제도는 제대로 정비되지 않아 주공이 「주관」을 지었고, 여러 관리들이 자기 부서에 따라 백성들을 위하여 일을 잘할 수 있도록 이끌어주기 위하여 「입정」을 지었다고 하였다.[32] 곧 주공이 동쪽 은나라 옛 땅에서 반란을 일으킨 무경과 관숙 및 채숙의 무리를 정벌하여 은나라의 나머지 세력도 깨끗이 물리치고 주나라의 기반을 튼튼히 한 뒤 이 새로운 주나라를 잘 다스리기 위하여 새로운 정치제도를 마련하였던 것이다. 이 주나라의 관리제도는 다행히 『주례(周禮)』라는 경전이 전하고 있어 비교적 구체적으로 알아볼 수가 있다. 『주례』에 쓰여 있는 관리제도가 실제 주나라 제도와는 많이 달라서 주공이 저술한 본래의 모양이 그대로 보존되고 있는 것이 아님은 확실한 것이다. 이 경전은 후세 사람의 손이 보태어져 이루어진 것이 분명하지만 기본적으로 주공이 마련한 제도를 그 바탕으로 하고 있음에는 틀림이 없다. 이 때문에 이 책은 본래 『주관(周官)』이라고도 하였다.[33] 『한서(漢書)』 예문지(藝文志)에는 예십삼가(禮十三家) 속에 『주관경(周官經)』 6편과 『주관전(周官傳)』 4편이 기록되어 있다. 그리고 『주관경』 뒤에는 "왕망(王莽, A.D. 9-23) 시절에 유흠(劉歆, B.C. 53?-A.D. 23)에 의하여 박사(博士)가 되었다.(王莽時劉歆置博士.)"고 씌어 있다.

『주례』에는 관제(官制)가 크게 여섯 종류로 나누어져 있다. 곧 천관(天官)·지관(地官)·춘관(春官)·하관(夏官)·추관(秋官)·동관(冬官)의 여섯이다. 천관의 우두머리는 총재(冢宰)인데 후세 정부의 총리(總理)와 비슷한 지위이다. 천관에는 대재(大宰)로 경(卿) 1인, 소재(小宰)로 중대부(中

32 『史記』 卷33 魯周公世家; "成王在豐, 天下已安, 周之官政未次序, 於是周公作周官. 官別其宜, 作立政, 以便百姓. 百姓說."

33 荀悅의 『漢紀』에 의하면 漢 劉歆에 이르러 『周禮』라 개칭되었다 한다.

大夫) 2인, 재부(宰夫)로 하대부(下大夫) 4인 등과 궁정(宮正)·궁백(宮伯) 등 조정의 주요 관직이 기록되어 있다. 지관의 우두머리는 사도(司徒)인데 내부 정치와 교육을 담당하였다. 지관에는 대사도(大司徒)로 경 1인, 소사도(小司徒)로 중대부 2인, 향사(鄕師)로 하대부 4인과 향대부(鄕大夫)·주장(州長) 등이 있었다. 춘관의 우두머리는 종백(宗伯)인데 나라의 예의제도를 장악하였다. 춘관에는 대종백(大宗伯)으로 경 1인, 소종백(小宗伯)으로 중대부 2인, 사사(肆師)로 하대부 4인과 울인(鬱人)·창인(鬯人) 등이 있었다. 하관의 우두머리는 사마(司馬)인데 군대에 관한 일을 장악하였다. 하관에는 대사마(大司馬)로 경 1인, 소사마(小司馬)로 중대부 2인, 군사마(軍司馬)로 하대부 4인과 여사마(輿司馬)·행사마(行司馬) 등이 있었다. 추관의 우두머리는 사구(司寇)인데 형법(刑法)을 관장하였다. 추관에는 대사구(大司寇)로 경 1인, 소사구(小司寇)로 중대부 2인, 사사(士師)로 하대부 4인과 향사(鄕師)·수사(遂士) 등이 있었다. 동관의 우두머리는 사공(司空)인데 나라의 공사를 맡아 하였다. 한(漢)나라 하간헌왕(河間獻王, ?-B.C. 130)이 처음 이 『주례』를 발견했을 적에 동관에 관한 기록은 없어져서 비어 있었다. 이에 그는 『고공기(考工記)』를 가져다가 여기에 채워 넣었다. 『고공기』는 공업에 관한 기록인데 주공의 저작은 아니다. 『주례』는 주공의 저작이 그대로 보존되고 있는 것은 아니지만 주공이 제정한 주나라 관제를 바탕으로 하고 있어 주나라 관제를 연구하는데 긴요한 자료가 된다.

『주례』뿐만 아니라 『예기(禮記)』와 『의례(儀禮)』같은 주나라 시대의 예의제도를 바탕으로 한 경전도 비록 후대에 이루어진 책이기는 하지만 그 터전을 이루는 중요한 내용은 역시 모두 주공의 '제례작악'에서 나온 것이다. 다만 『예기』의 곡례(曲禮) 하편이나 왕제(王制)편에는 주나라 관제에 대한 기록들이 보이는데 역시 『주례』의 기록과 많이 다르다. 모두 주나라 때의 실제적인 관제와도 차이가 있고 후세 사람들의 손에 의하여 만들어진 기록이지만 기본은 모두 주공의 '제례작악'에서 나온 것임은 확실한 것이다. 이에 대하여는 뒤에 주공과 삼례(三禮)의 관계를 논하면서 보다 상세히 서술될 것이다.

주공은 앞 장에서 논술한 동쪽 정벌을 이용하여 은나라와 그들을 따르던 민족을 완전히 제압하여 주나라의 지위를 확보하였을 뿐만 아니라, 또 한 편으로는 은나라 사람들이 쓰던 한자의 바탕이 된 갑골문자와 여러 가지 문물제도(文物制度)를 가져다가 자신들이 이용하면서 천하를 다스리기 시작하였다. 은나라 문화를 근거로 하여 주공은 천하를 다스리는 데 필요한 여러 가지 새로운 제도를 제정하였는데 흔히 제례작악(制禮作樂)하였다고 말한다. 예악은 당시의 정치와 문화를 통틀어 가리키는 말로 사용하였다. 『사기』에는 주공이 예악을 흥성시킨 다음과 같은 기록이 보인다.

> "성왕은 은나라의 생명줄을 끊어 놓고 회이(淮夷)를 정벌한 다음 풍(豐)으로 돌아와 「주관(周官)」을 지어, 예의와 음악을 흥성시키고 바로잡아서 법과 제도가 이에 바뀌었다. 이에 백성들이 화목해지고 칭송하는 노래 소리가 울려퍼졌다."[34]

---

34 『史記』 卷4 周本紀: "旣絀殷命, 襲淮夷, 歸在豐, 作周官. 興正禮樂, 度制於是改, 而民和睦, 頌聲興."

『일주서(逸周書)』에는 주공이 창설한 명당(明堂)에 대하여 다음과 같이 설명하면서 주공의 제례작악에 대하여도 아울러 언급하고 있다.

> "명당이란 것은 제후들의 높고 낮음을 분명히 하는 곳이다. 그러므로 주공이 세우고 제후들이 내조(來朝)하여 명당에서 차지하는 자리로서 제례작악하여 법도와 형식을 분명히 하니 온 천하가 크게 감복하여 모든 나라들이 조공을 바쳐 왔다. 7년 만에 정권을 성왕에게 되돌려주었다."[35]

『좌전(左傳)』의 기록에는 노(魯)나라 태사극(大史克)의 다음과 같은 말을 인용하고 있다.

> "돌아가신 할아버지 주공께서 주나라의 예(禮)를 제정하셨다."[36]

그리고 한나라 복생(伏生, B.C. 260-B.C. 161)의 『상서대전(尙書大傳)』에는 다음과 같은 말이 보인다.

> "주공이 나라의 정치를 맡아 처리한 6년 동안에 예(禮)를 제정하고 악(樂)을 제작하였다."[37]

---

35 『逸周書』 明堂 第55; "明堂者, 明諸侯之尊卑也. 故周公建焉, 而朝諸侯於明堂之位, 制禮作樂, 頒度量而天下大服, 萬國各致其方賄, 七年致政於成王."

36 『左傳』文公 十八年; "魯大史克對曰; … 先君周公制周禮."

37 『尙書大傳』; "周公攝政六年, 制禮作樂."

여기에서 '예'와 '악'을 제정하였다는 말은 바로 새로운 주나라의 여러 가지 문화와 정치에 관한 제도를 마련하였음을 뜻한다. 본래 '예'는 사람들의 행동 원리뿐만 아니라 사람들의 모든 행위와 관련되는 사회제도까지도 다 포괄하는 말이고, '악'은 음악뿐만 아니라 사람들의 감정이나 정서와 관련되는 사회 현상을 모두 감싸고 있는 말이기 때문이다. 따라서 예악이란 말 속에는 세상을 다스리는 정치나 법은 물론 사람들이 세상을 살아가는 방식 등 모두가 포함된다. 『좌전』 애공(哀公) 11년의 기록을 보면, 노나라의 권세가인 계손씨(季孫氏)가 사람들이 가지고 있는 밭이 많고 적은 것을 근거로 하여 그에 따라 군수품(軍需品)을 거두려 했을 적에, 공자는 "주공의 법전(法典)이 있다!"고 하면서 주공이 정해놓은 법을 따라야 한다고 주의를 환기시키고 있다.[38] "주공의 법전"이란 것도 주공이 제정한 예악의 일부인 것이다.

주나라에 주공이라는 위대한 인물이 나와 문명국이었던 은나라의 여러 가지 제도를 모두 받아들여 새로운 주나라의 문화와 정치에 관한 제도를 마련하였던 것이다. 이것이야말로 중국 전통문화의 시작이라고까지 말할 수가 있을 것이다.

다시 『일주서(逸周書)』를 보면 성왕의 4년 음력 4월에 임금은 종묘에 가서 태조께 제사를 올렸다. 그리고 같은 달에 임금은 대정(大正)에게 명을 내려 형서(刑書)를 바로잡도록 하였다고 하고, 다시 한 참 뒤에 태사협(太史筴)이 형서 9편을 대정에게 올라가 주었다고 하였다.[39] 그리

38 『左傳』 哀公11年; "仲尼曰; 且于季孫若欲行而法, 則周公之典在."

39 『逸周書』 嘗麥; "維四年孟夏, 王初祈禱于宗廟, 乃嘗麥于大祖. 是月, 王命大正正刑書. … 太史筴刑書九篇, 以升授大正."

고 『좌전(左傳)』을 보면 노(魯)나라 태사극(太史克)이 이미 앞에서 언급한 것처럼 "돌아가신 할아버지 주공께서 주나라의 예(禮)를 제정하셨다."고 말하고는 서명(誓命)을 하기를 여러 가지 나쁜 짓에 대한 형벌은 모두 "구형(九刑: 주나라 때의 아홉 가지 형벌. 오형(五刑)에 유형(流刑), 속형(贖刑), 복형(扑刑), 편형(鞭刑)을 더한 것이다.)에 적혀 있으니 모르고 잘못 처리하지 않을 것이다."[40]고 엄정히 선언하고 있다. 같은 책 또 다른 곳에는 진숙향(晉叔向)이 "주나라는 정치가 어지러워 구형을 지었다."고 하였다.[41] 『일주서』에서 "형서 9편"이라고 한 말을 참고로 하면 주공이 지었다는 '구형'은 9편으로 이루어진 형서인 것 같다. 이에 의하면 주공은 주나라의 형벌제도도 마련하였음이 분명하다. 은나라의 잔여세력을 깨끗이 없애기 위해서도 엄정한 형벌제도는 없어서는 안 될 실정이었을 것이다. 주공은 형벌제도뿐만 아니라 여러 가지 모든 주나라의 법령을 제정하였음이 분명하다. 형벌제도나 법령도 크게 보면 모두 예악 속에 속하는 것들이다.

무엇보다도 이때 주공이 제정한 제도 중에 가장 중요한 것으로 봉건제도(封建制度)가 있다. 이 주나라의 봉건제도는 후세의 정치제도에도 많은 영향을 끼친 매우 중요한 제도이다. 봉건이란 천자 곧 황제가 천하를 다스리기 위하여 천하의 땅을 여러 나라로 쪼갠 뒤에, 그곳에 유능한 사람을 뽑아 보내어 그 나라를 임금처럼 다스리도록 한 제도이다. 그러한 작은 나라 땅을 다스리는 사람을 제후(諸侯)라 불렀다. 후

40 『左傳』文公 18年; 魯太史克曰; "先君周公制周禮. … 誓命曰; 在九刑而不忘."

41 『左傳』昭公 6年; 晉叔向曰; "周有亂政, 而作九刑."

세에 제후는 나라의 크기와 실력에 따라 공(公)·후(侯)·백(伯)·자(子)·남(男)의 다섯 등급으로 나누어졌다. 천하를 여러 나라로 쪼개어 제후를 봉하는 것은 그들로 하여금 자기의 나라를 다스리는 한편 천하의 둘레 지역에서 천하를 지켜주는 울타리가 되도록 하기 위해서였다. 그리고 제후에 천자의 친족들과 공신들을 임명하여 천자의 세력을 확보한다는 목적도 있었다. 그리고 말썽 많은 이민족이나 오랑캐들이 사는 변경 지역에는 이들을 억압할 수 있는 힘 있고 유능한 인물들을 임명하였다.

주나라가 은나라 주왕을 정벌하고 나서 주왕의 아들 무경(武庚) 녹보(祿父)를 은나라 옛 땅에 봉해 조상들의 제사를 잇도록 하는데, 이는 중국의 왕조들이 자기들이 정벌하여 망한 나라에 대한 예우로 그렇게 해주는 것이 상례였다. 그리고 주나라 무왕은 자기 동생 관숙(管叔) 선(鮮)과 채숙(蔡叔) 도(度)에게 은나라 옛 땅을 나누어 봉해준다. 이는 그들로 하여금 주왕의 아들 무경을 감시하도록 하는 한편 남아 있는 은나라 세력을 완전히 제압하도록 하려는 조치였을 것이다. 그러고는 옛 성왕들의 후손을 그들 조상의 근거지에 봉해준다. 신농(神農)의 후손을 초(焦, 지금의 河南省 陝縣 남쪽 지방 일대)에, 황제(黃帝)의 후손을 축(祝, 지금의 山東省 長淸縣 동북 지방 일대), 요(堯)임금의 후손을 계(薊, 지금의 北京市 서남 지방 일대), 순(舜)임금의 후손을 진(陳, 지금의 河南省 淮陽縣 일대), 우(禹)임금의 후손을 기(杞, 지금의 河南省 杞縣 일대)에 봉해준다. 이는 백성들에게 제후의 권위를 세워주기 위한 조치였을 것이다. 그러고 나서야 공신과 명사들을 봉하는데 강태공(姜太公) 여상(呂尙)을 영구(營丘)에 봉하여 제(齊, 지금의 山東省 북부 일대)라 하였고, 주공 단은 곡부(曲阜)에 봉하여 노(魯, 지금의 山東省 남부 일대)라 하였는데, 실제로는 주공은 그대로 조정에 남아 있고 노나라에는 그 대신 아들 백금(伯禽)이 노공(魯公)이 되어 부임한다. 사실은 이 정책을 주공 자신이 시행하고 있기 때문에 형식적으로 그런 수단을 쓸 수밖에 없었다. 그리고 소공은 연(燕, 지금의 河北省 大興縣, 北燕임), 아우 숙선(叔鮮)은 관(管, 지금의 河南省 鄭縣), 아우 숙도(叔度)는 채(蔡, 지금의 河南省 上蔡縣 서남 일대)에서 시작하여 나머지 사람들도 각각 차례에 따라 땅을 봉해 받았다.[42] 이때 숙진탁(叔振鐸)은 조(曹, 지금의 山東省 定陶縣 서북 일대)에 숙무(叔武)는 성(成, 지금의 河北省 淸苑縣 일대), 숙처(叔處)는 곽(霍, 지금의 山西省 霍縣 서남 일대), 강숙(康叔)은 염(冉, 지금의 四川省 夔縣 開縣 일대)에 봉해지고 계재(季載)는 나이가 어려서 봉해지지 않았다.[43] 그리고 『한서(漢書)』 지리지(地理志)에 의하면 『시경』 국풍(國風)에 보이는 패(邶)는 무경, 용(庸)은 관숙, 위(衛)는 채숙이 봉해졌던 같은 은나라 옛 땅이라 하였다.[44] 다시 주공은 무경과 관숙 및 채숙이 일으킨 반란을 평정한 뒤 은나라 옛 땅을 나누어 한 편에는 은나라 주왕의 형인 미자(微子) 개(開)를 봉하여 나라 이름을 송(宋)이라 하였고 다른 한편에는 아우인 강숙(康叔)을 봉하여 나라 이름을 위(衛)라 하였다.[45]

---

42 『史記』 卷4 周本紀; "至紂死… 武王… 封商紂子祿父殷之餘民. 武王爲殷初定未集, 乃使其弟管叔鮮·蔡叔度相祿父治殷. … 武王追思先聖王, 乃褒封神農之後於焦, 黃帝之後於祝, 帝堯之後於薊, 帝舜之後於陳, 大禹之後於杞. 於是封功臣謀士, 而師尙父爲首封. 封尙父於營丘, 曰齊. 封弟周公旦於曲阜, 曰魯. 封召公　於燕. 封弟叔鮮於管, 弟叔度於蔡. 餘各以次受封."

43 『史記』 卷35 管蔡世家; "武王已克殷紂, 平天下, 封功臣昆弟. … 封叔振鐸於曹, 封叔武於成, 封叔處於霍, 康叔封冉, 季載皆少, 未得封."

44 『漢書』 卷28 地理志; "周旣滅殷, 分其畿內爲三國, 詩風邶·庸·衛國是也. 邶, 以封紂子武庚, 庸, 管叔尹之, 衛, 蔡叔尹之, 以監殷民, 謂之三監."

『서경』에는 주서(周書)에 미자를 송나라에 봉할 때 주공이 내려준 글로 「미자지명(微子之命)」이 있고,[46] 강숙을 위나라에 봉해줄 때 내린 글로는 「강고(康誥)」와 「주고(酒誥)」·「자재(梓材)」의 세 편이 있다.[47] 이런 글들은 설혹 성왕의 이름을 빌렸다 하더라도 실제로는 모두 완전히 주공이 써서 내려준 것이다.

주공은 은나라 문화를 무척 중시하였다. 봉건제도도 은나라의 문화와 제도를 확보하기 위한 방법으로도 활용되었다. 은 민족의 본거지인 지금의 산동성(山東省) 북쪽 제(齊)나라에는 강태공(姜太公)의 아들 여급(呂伋)을 봉하여 다스리게 하고, 그 남쪽 노(魯)나라는 앞에서 이미 말한 것처럼 자신의 아들 백금(伯禽)에게 맡겨 다스리도록 하였다. 다시 그 동북쪽 은나라 계열의 부족이 많은 연(燕)나라에는 주공의 동쪽 정벌에 크게 활약한 소공(召公) 석(奭)의 아들을 봉하여 다스리게 하고, 또 위(衛)나라에는 주공의 막내아우 강숙(康叔)을 봉하여 주었다. 『좌전(左傳)』 정공(定公) 4년의 기록을 보면 위(衛)나라 축타(祝佗)가 "주공은 왕실을 도와서 천하를 다스렸다."[48]는 말을 하고 있고, 같은 『좌전』 소공(昭公) 2년의 기록에는 진(晉)나라 한선자(韓宣子)가 노(魯)나라에 와서 태사씨(太史氏)에게서 책들을 구경하고는 "주나라의 예는 모두 노나라에 있다. 나는 지금 비로소 주공의 덕과 주나라가 왕자(王者)가 된 까닭을

---

45 『史記』 卷4 周本紀; "成王少, … (周)公乃攝行政當國. 管叔·蔡叔群弟疑周公, 與武庚作亂, 畔周. 周公奉成王命, 伐誅武庚·管叔, 放蔡叔. 以微子開代殷後, 國於宋. 頗收殷餘民, 以封武王少弟封爲衛康叔."

46 『書經』 周書 「微子之命」; "武王旣黜殷命, 殺武庚, 命微子啓代殷後, 作微子之命."

47 『書經』 周書 「康誥」; "武王旣伐管叔蔡叔, 以殷餘民, 封康叔, 作康誥·酒誥·梓材."

48 『左傳』 定公 四年; 故周公相王室以尹天下.

알게 되었다."[49]는 말을 하고 있다. 봉건제도는 나라를 다스리는 데 있어서 뿐만 아니라 은나라의 문화를 보존하여 주나라의 것으로 만드는 데 있어서도 큰 역할을 하였음을 알게 된다.

제후를 봉한다는 것은 그들을 한 나라의 왕으로 임명하여 황제가 다스리는 천하를 보호하는 울타리로 삼는다는 뜻도 있었기 때문에 그 의식이 무척 성대하고 정중하였던 것 같다. 간단히 한 사람을 한 나라의 제후로 임명하고 [illegible] 나라에 부임하여 왕의 자리에 앉아 쓸 기본적인 여러 물건들을 여러 가지 갖추어주고 그의 나라에 부임하도록 하였다. 그 예로 『좌전(左傳)』에 보이는 주공의 아들 백금(伯禽)을 노공(魯公)으로 봉했을 적의 의식을 아래에 소개한다.

> "옛날에 무왕이 은나라를 정벌하고 성왕 때에 가서는 나라를 안정시킨 다음 덕이 밝은 사람을 골라 세워 주나라의 울타리와 담으로 삼았다. 그러므로 주공이 왕실의 재상이 되어 천하를 다스리니 주나라는 평화로워졌다.
>
> 우선 노공(魯公)에게는 임금이 타는 수레, 용이 그려져 있는 깃발, 하후씨(夏后氏)의 옥, 봉보(封父)의 유명한 활을 나누어주고, 은나라 백성 여섯 종족인 조씨(條氏)·서씨(徐氏)·소씨(蕭氏)·색씨(索氏)·장작씨(長勺氏)·미작씨(尾勺氏)의 종씨(宗氏)들을 거느리게 하고 그들 나누어진 부족들을 모으며 그중 못된 자들을 거느리되, 법은 주공을 따

---

49 『左傳』 昭公 二年; 周禮盡在魯矣. 吾乃今知周公之德, 與周之所以王也.

르고 시책은 주나라의 명을 따르게 하였다. 그것은 노나라를 다스리게 하면서 주공의 밝은 덕을 밝히려는 것이었다. 땅과 밭·거기서 일할 사람들·축관(祝官)·종족(宗族)·복자(卜者)·사관(史官)과 여러 가지 기물(器物)·서류와 서적·관리들·늘 쓰는 그릇들도 나누어 주었다. 은나라와 엄(奄)나라[50] 백성들을 이어받도록 하고 「백금(伯禽)」이라는 글을 내려주면서 은나라 옛 땅에 봉해주는 것이었다."[51]

다만 이때 내려준 「백금」이라는 글은 전하지 않는다. 강숙(康叔)을 위(衛)나라에, 당숙(唐叔)을 진(晉)나라에 봉해주어 그들이 부임할 적에도 의식이 비슷하였다.[52] 여하튼 봉건제도는 이렇게 시작되고 발전하여 주나라라는 중국 땅의 남북을 합쳐 세워진 큰 나라를 다스리는 기본제도로 활용되게 된다.

앞에서 주공은 주나라를 위하여 제례작악(制禮作樂)을 하였다고 하였는데, 옛날 사회에서 예악은 실제로 모든 정치사회제도를 가리킨

---

50 奄은 山東省 曲阜를 중심으로 하는 지역에 있던 나라 이름임.

51 『左傳』 定公 4年; "昔武王克商, 成王定之, 選建明德, 以蕃屛周. 故周公相王室, 以尹天下, 於周爲睦. 分魯公以大路·大旂·夏后氏之璜·封父之繁弱·殷民六族, 條氏·徐氏·蕭氏·索氏·長勺氏·尾勺氏. 使帥其宗氏, 輯其分族, 將其類醜, 以法則周公, 用卽命于周. 是使之職事于魯, 以昭周公之明德. 分之土田·陪敦·祝·宗·卜·史·備物·典策·官司·彝器. 因商奄之民, 命以伯禽, 而封於少皞之虛."

52 『左傳』 定公 4年; "分康叔以大路·少帛·綪茷·旃旌·大呂, 殷民七族, 陶氏·施氏·繁氏·錡氏·樊氏·饑氏·終葵氏; 封畛土略, 自武父以南及圃田之北竟, 取於有閻之土以共王職; 取於相土之東都以會王之東蒐. 聃季授土, 陶叔授民, 命以康誥, 而封於殷虛. 皆啓以商政, 疆以周索.
分唐叔以大路·密須之鼓·闕鞏·沽洗, 懷姓九宗, 職官五正. 命以唐誥, 而封於夏虛, 啓以夏政, 疆以戎索."

다. 여기에서 따로 설명한 주공이 제정한 법제(法制)나 봉건제도도 모두 그 속에 포함된다. 주공은 새로운 주나라라는 큰 왕국을 창설하고 그 왕국을 지탱할 여러 가지 제도도 모두 제정했던 것이다. 그중에서도 가장 중요한 것은 무엇보다도 학술 문화이다. 특히 주공이 은나라에서 쓰던 갑골문자(甲骨文字)를 가져다가 주나라 사회에서 일상적으로 쓰는 한자로 발전시킨 것은 무엇보다도 위대한 공헌이다. 갑골문자는 은나라 사람들이 점을 칠 때 쓰던 글자로 한자의 전신 형태의 문자이다. 그리고 사람들 사이에 뜻을 서로 주고받는 글자가 아니라 사람들이 신에게 자기의 뜻을 알리기 위하여 발전시킨 문자였다. 그러나 주공은 갑골문자를 가져다가 한자로 개량하여 사람들이 자기 뜻을 기록하여 남에게 전달할 수 있는 용구로 발전시켰다. 이렇게 하여 한자가 발전하게 되는 것이다. 이것은 중국 문화사상 무엇보다도 위대한 공헌이라 할 수 있다.

3. 성왕成王을 대신하여 나라를 다스리다

이미 설명한 것처럼 무왕(B.C. 1122-B.C. 1103 재위) 은 B.C. 1111년에 주공의 도움으로 은나라를 정벌하여 천하를 통일한다. 그리고 은나라 주임금의 아들 무경(武庚) 녹보(祿父)를 은나라 땅 일부에 봉하여 조장들의 제사를 이어 받들 수 있게 하고, 다시 그곳 가까운 땅에 그의 아우 관숙(管叔)과 채숙(蔡叔)을 보내 무경을 감시토록 한다. 그러고 나서 무왕은 앓다가 몇 년 견디지 못하고 병으로 죽어 어린 아들 성왕(成王,

B.C. 1104-B.C. 1066 재위)이 임금 자리를 계승한다. 그러나 성왕은 아직 포대기에 싸여 있는 어린 아기였으므로 현명한 무왕의 아우인 주공 단이 성왕 대신 나랏일을 맡아 처리하게 된다.[53] 형식상 주공이 성왕을 대신(섭정)하여 나랏일을 맡아 처리했다고 하지만 실은 이미 주공이 확실한 자리에 앉아 본격적으로 주나라를 다스리고 있었던 것이다.

주나라의 기반이 아직 제대로 안정되지 않고 있는 때였음으로 주공은 세상의 다른 나라들이 무왕이 죽었다는 소식을 듣고는 기회가 왔다고 생각하고 반란을 일으키게 될까 걱정이 되어 무척 조심하며 나라의 정치를 다루었다. 그러나 그때 관숙(管叔)을 비롯한 주공의 여러 아우들은 주공의 진심을 믿지 않고 "주공은 장차 성왕을 그대로 두지 않을 것이다."라는 헛소문을 퍼뜨렸다. 그러자 주공은 태공(太公) 망(望)과 소공(召公) 석(奭)을 불러놓고 다음과 같이 시국에 대한 자신의 진심을 털어놓았다.

> "내가 피하지 않고 나가서 나라의 정치를 맡아보는 까닭은 세상 나라들이 주나라에 반기를 들어 우리 선왕인 태왕과 왕계 및 문왕에게 그 사실을 아뢸 수가 없게 될까 두려웠기 때문입니다. 세 분 선왕께서는 세상을 위하여 걱정하고 수고하신 지 오래되었는데 오늘에 이르러서야 나라가 제대로 토대가 잡혀졌습니다. 무왕께서는 일찍 돌아가시고 성왕은 어리시지만 주나라를 제대로 만들어 놓고자 하여 나는 이와 같이 행동하고 있는 것입니다."

---

53 『史記』 卷33 魯周公世家; "其後武王既崩, 成王少, 在强葆之中. 周公恐天下聞武王崩而畔, 周公乃踐阼代成王攝行政當國."

그러고는 자기 뜻을 따라 어린 성왕을 대신하여 나라의 정치를 맡았던 것이다.[54] 그러니 주공은 무왕이 죽고 어린 성왕이 그 뒤를 이어 임금 자리에 오른 뒤에도 그대로 계속하여 나라를 다스린 것이다. 실제로 주나라는 무왕이나 성왕보다도 주공이 건설하고 주공이 다스린 나라라고 보아야 할 것이다. 『사기』의 기록에 의하면 주공은 성왕을 대신하여 7년 동안 나라를 다스린 뒤 이제는 성왕의 나이가 차서 나라를 다스릴 능력이 생겼다고 생각하고 정권을 성왕에게 되돌려준 뒤 신하의 자리로 물러앉았다고 한다.[55] 주공이 7년 뒤에 성왕에게 나라 다스리는 권한을 돌려주었다면 무왕이 죽었을 적에 성왕이 어리기는 하였지만 포대기에 싸여 있을 정도의 어린 아기는 아니었을 것 같다. 혹은 주공이 나이가 많아지고 늙어서 더 이상 일할 능력이 없어져서 어쩔 수 없이 정권을 내놓았을 가능성도 있기는 하다. 주공은 이때 정권을 물려주고는 오래 더 살지 못하고 죽었다고 생각되기 때문이다. 그러나 주공이 죽은 뒤에도 성왕이 나라를 잘 다스린 것을 보면 주공이 정권을 넘겨준 것은 성왕의 능력을 알아보았기 때문이라고 보아야 한다.

무왕 시대와 성왕 시대에 주공이 정부에서 차지하고 있던 위치의 차이는, 무왕 때는 임금의 아우로서 몸이 불편한 형의 일을 도와준다는 명분 아래 일을 하였지만 성왕 때에는 처음부터 임금은 나라를 다

---

54 『史記』 卷33 魯周公世家; 其後武王既崩, 周公恐天下聞武王崩而畔, 周公乃踐阼代成王攝行政當國. 管叔及其群弟流言於國曰: "周公將不利於成王." 周公乃告太公望·召公奭曰: "我之所以弗辟而攝行政者, 恐天下畔周, 無以告我先王太王·王季·文王. 三王之憂勞天下久矣, 於今而成. 武王蚤終, 成王少, 將以成周, 我所以爲之若此." 於是卒相成王.

55 『史記』 卷4 周本紀; "周公行政七年, 成王長, 周公反政成王, 北面就群臣之位."

스릴 능력이 없었으므로 주공이 나랏일을 전적으로 맡아 다스렸다는 것이다. 그러기에 『순자(荀子)』처럼 주공이 한때 직접 성왕을 물리치고 임금 자리에 올라 앉아 있었다고 생각하는 이들도 있다.[56] 어떻든 실제로 주나라는 무왕이 아니라 그의 아우인 주공이 건설해 놓고 다스려온 나라이고, 무왕이 죽은 뒤 성왕 때에 가서는 주공이 더욱 본격적으로 나랏일을 맡아 돌보았던 것이다. 주나라는 임금인 무왕과 성왕을 앞에 세워 놓고 처음부터 주공이 건설하고 다스려 발전시킨 나라인 것이다.

앞에서 얘기한 것처럼 은나라 옛 땅에 봉해준 은나라 주임금의 아들 무경 녹보는 아직 주나라 정치의 터전이 잡히지 않은 시절이라는 기회를 이용하여 주공의 본심을 의심하는 주공의 형제들을 부추기고 또 은나라 계열의 동쪽 동이족(東夷族)의 작은 나라들과 연합하여 반란을 일으킨다. 이에 주공은 성왕의 명령을 앞세워 직접 군대를 이끌고 동쪽의 반란자들 정벌에 나선다. 무경과 관숙을 잡아 죽이고 채숙은 멀리 쫓아내어 반란을 평정한 다음에도 주공은 3년 동안 그대로 동쪽에 남아 싸우면서 그곳 동이족의 50여 나라를 쳐부수었다. 이는 매우 중요한 일이어서 앞에서도 이미 거듭 얘기한 사건이다. 특히 주나라는 미개한 민족의 나라였음에 비하여 은나라는 상당히 발전한 문화를 누리던 나라였다. 이에 주공은 은나라와 동이족들을 치는 한편 은나라에서 쓰던 한자의 전신인 갑골문자(甲骨文字)를 비롯하여 은나라

56 『史記』 卷4 周本紀; “封商紂子祿父殷之餘民. 武王爲殷初定未集, 乃使其弟管叔鮮·蔡叔度相祿父治殷.”

의 학술과 문화를 주나라로 가져다가 활용하기에 힘썼다.

갑골문자는 은나라 사람들이 점을 칠 적에 신과 뜻을 통하기 위하여 발전시킨 한자 전신 형태의 문자이다. 은나라 사람들은 말린 큰 거북 껍데기나 짐승 뼈인 갑골을 이용하여 점을 쳤었다. 그리고 점을 치는 사람의 소원이나 점친 결과 등 점과 연관되는 중요한 사항을 그 뼈에 새겨 놓았다. 이것이 곧 갑골문자이다. 그러니 갑골문자는 사람들이 신과 뜻을 통하기 위하여 발전시킨 특수한 문자이다. 주공은 그것을 가져다가 개량하여 사람들 사이에 뜻을 통하게 할 수 있는 문자, 곧 인간 사회에 통용하게 되는 한자로 발전시켰다. 이에 주나라는 정치사회와 함께 학술 문화도 따라서 급속도로 발전하게 된다. 이 한자의 사용은 주공의 공적 중에서도 특기해야만 할 큰일이었다. 이후로부터 중국의 학술과 문화는 한자를 중심으로 하여 발전하게 되기 때문이다. 그리고 난 뒤 은나라 옛 땅의 일부에는 은나라 주왕의 서형인 미자(微子)를 봉하여 나라 이름을 송(宋)이라 하고 나머지 일부에는 문왕의 작은 아들 강숙(康叔)을 봉하고 나라 이름을 위(衛)라 하였다.[57] 이미 앞에서 얘기한 것처럼 봉건제도는 주공에 의하여 무왕 때 시행되었지만[58] 그 제도가 나라의 통치 방법으로 더욱 강화된 것이다. 이에 봉건제도는 이후 대 중국을 통치하는 기본 제도로 완전히 자리 잡게 된다.

---

57 『史記』 卷4 周本紀; "周公奉成王命, 伐誅武庚·管叔, 放蔡叔, 以微子開代殷後, 國於宋. 頗收殷餘民, 以封武王少弟封爲衛康叔."

58 『史記』 卷4 周本紀; "武王追思先聖王, 乃褒封神農之後於焦, 黃帝之後於祝, 帝堯之後於薊, 帝舜之後於陳, 大禹之後於杞. 於是封功臣謀士, 而師尙父爲首封. 封尙父於營丘, 曰齊. 封弟周公旦於曲阜, 曰魯. 封召公奭於燕. 封弟叔鮮於管, 弟叔度於蔡. 餘各以次受封."

주공은 이때 동쪽 녹보의 반란을 평정하기 전에 온 천하에 자신이 이들을 치는 명분을 알리는 「대고(大誥)」라는 글을 쓴다. 글은 "임금님이 이렇게 말씀하셨다"는 뜻의 "왕약왈(王若曰)"로 시작되고 있지만 실은 모두 임금을 빌려 주공 자신이 쓴 것이다. 긴 이 글은 다음과 같은 말로 끝을 맺고 있다.

"문덕(文德)이 많으신 분(문왕)의 뜻을 따르려 하는데, 그분은 나라 땅을 잘 다스리라 가르치셨소. 하물며 지금 점이 모두 길하지 않소? 그래서 나는 크게 그대들과 더불어 동쪽을 정벌하려는 것이오. 하늘의 명은 어긋나지 않을 것이고, 점도 이렇게 하라고 말하였소."[59]

그러고 미자(微子)를 송(宋)에 봉할 적에는 「미자지명(微子之命)」, 동생인 강숙(康叔)을 위(衛)나라에 봉할 적에는 「강고(康誥)」를 지었다. 그리고 이들 나라를 다스리는 사람들을 훈계하고 그들이 법도를 잘 지키게 하기 위해 「주고(酒誥)」와 「자재(梓材)」라는 글도 썼다. 「주고」의 한 토막을 예로 든다.

"누가 여럿이 술을 마시고 있다고 알리거든, 너는 놓치지 말고 모두 붙들어서 주나라로 보내어라. 나는 그들을 죽여 버리겠다."[60]

---

59 『書經』 周書 「大誥」; "… 率寧人, 有指疆土. 矧今卜幷吉 ? 肆朕誕以爾東征. 天命不僭, 卜陳惟若玆."

60 『書經』 周書 「酒誥」; "厥或誥曰; 羣飮, 汝勿佚, 盡執拘, 以歸于周. 予其殺."

전혀 임금에게 보낸 글 같지 않다. 마치 손아래 용인들에게 내리는 지시인 듯하다. "여럿이 모여 술을 마신다고" 모두 잡아 죽이는 정도라면 주공도 능력은 뛰어났지만 성격은 무척 잔인하였던 것 같다.

여기 보인 「미자지명」 이하의 글들은 모두 성왕이 쓴 글처럼 전하지만 실은 모두 주공의 손으로 씌어진 것이다. 이 글들은 모두 『서경(書經)』 주서(周書)에 실려 있다. 곧 『서경』 주서는 주공의 글이 중심을 이루고 있다. 이를 근거로 보면 주공은 『서경』이란 경전의 형성에도 크게 관여했음이 분명하다.

『서경』 주서에 실려 있는 「금등(金縢)」편의 기록에 의하면, 은나라 녹보(祿父)를 감독하라고 파견한 주공의 형제인 관숙과 채숙 등이 어린 성왕 대신 나랏일을 맡아 돌보는 주공의 본심은 임금 자리를 차지하는 데 있다고 헛된 말을 퍼뜨려 한때 주공의 처지가 궁색하였다. 이때 주공이 성왕을 깨우치기 위하여 지어 성왕에게 바친 시가 『시경』 빈풍(豳風)에 실려 있는 「치효(鴟鴞)」라는 시이다. 아래에 소개하는 이 시를 읽어보면 당시의 주나라와 성왕에 대한 주공의 생각과 태도를 잘 알아볼 수가 있다.

「부엉이(鴟鴞)」

부엉아 부엉아!
내 자식 잡아먹었으니, 내 집은 헐지 마라.
알뜰살뜰 가꿔온 터라, 어린애들 가엾단다.

鴟鴞鴟鴞!

既取我子, 無毁我室.

恩斯勤斯, 鬻子之閔斯.

장맛비 오기 전에, 뽕나무 뿌리 가져다가, 창과 문 얽었네.

이제 너희들 낮은 백성이, 누가 나를 업신여기겠는가!

迨天之未陰雨, 徹彼桑土, 綢繆牖戶.

今女下民, 或敢侮予!

나는 손과 발이 다 닳도록, 갈대 꽃 꺾어 들이고, 띠풀 모아들였네.

내 입은 마침내 병까지 났는데, 내게는 아직 집도 없네.

予手拮据, 予所捋荼, 予所蓄租.

予口卒瘏, 曰予未有室家.

내 날개 무지러지고, 내 꼬리 닳아빠졌건만,

내 집은 아직도 흔들흔들, 비바람에 흔들리니, 나는 오직 짹짹 두려움에 우네.

予羽譙譙, 予尾翛翛,

予室翹翹, 風雨所漂搖, 予維音嘵嘵.

이 시의 제목인 '치효'는 부엉이 또는 올빼미로, 은나라 주왕의 아들인 무경(武庚) 녹보(祿父)에 빗댄 말이다. 첫 장의 '내 자식'은 관숙(管叔)과 채숙(蔡叔) 같은 사람들을 뜻한다. 그리고 '집'은 나라를 가리킨다. 은나라 땅에 봉해진 녹보가 관숙과 채숙 등을 반란으로 끌어들인 것을 노래한 것이다. 둘째·셋째·넷째 장은 자신에 대한 비방을 무릅쓰고 혼신의 힘을 다하여 나라와 백성들을 위하여 애쓰고 있지마는 자신의 처지가 아직도 여러 가지로 무척 어려운 것을 읊은 것이다.

성왕이 주공의 본심을 의심하고 있던 중에 전에 주공이 아버지 무왕을 위하여 써놓은 글을 발견한다. 그 주공의 글이란 전에 무왕이 병이 났었을 때 주공이 선왕들에게 제사를 올리며 무왕 대신 자기를 앓게 하거나 죽게 해달라고 빈 글이었다. 주공은 제사가 끝난 뒤 그때 빈 글을 상자 속에 넣고 쇠줄로 묶어 잘 보관하여 놓았었다. 성왕은 주공을 의심하는 중에 그런 상자가 있는 것을 알고 그 상자를 가져오게 한 다음 상자를 열고 그 속에 있는 글을 읽게 된다. 성왕은 그 글을 통하여 주공의 진심을 발견하고는 주공을 철저히 믿고 존경하게 된다. 그 쇠줄로 묶은 상자 속에 들어 있던 글이 『서경』 주서(周書)에 실려 있는 「금등(金縢)」편이다. 여기의 「치효」 시와 「금등」편 같은 글은 주공이 얼마나 성실하고 훌륭한 인물인가를 알려주는 기록이다.

어떻든 주공은 완전히 임금인 성왕은 제쳐놓고 주나라를 자기 뜻에 따라 다스렸다. 그렇게 7년 동안 주공이 나라를 다스리자 주나라는 완전히 자리를 잡고 크게 발전을 이루게 된다. 그리고는 성왕의 나이가 많아져서 나랏일을 다스릴 만한 분별력이 생겼다 생각하고는 정권을 임금인 성왕에게 돌려주고 자신은 다시 신하 자리에 내려앉았다.[61] 그리고 주공은 성왕을 대신하여 나라를 다스리면서 다음 장에 자세히 논할 예정이지만 새로운 주나라의 정치사회 제도와 학술 문화의 기초를 마련하여 대제국으로 발전할 주나라의 기반을 잘 다져 놓기도 한다.

그때 나라의 도읍인 호경(鎬京)은 지금의 섬서(陝西)성 장안(長安)의 서쪽 지역에 자리 잡은 너무나 나라의 변두리 위치에 자리 잡고 있는 도시였다. 이에 주공은 소공(召公)과 손을 잡고 나라의 중심 지역인 지금의 하남(河南)성 낙양(洛陽)지역에 낙읍(洛邑)이라는 새로운 도성을 건설하였다. 주공은 먼저 소공을 그곳으로 보내어 지형과 지세를 살펴보게 한 뒤 그곳의 위치가 매우 좋다는 결과를 보고받고는 바로 그곳에 도성 터를 잡도록 한다. 뒤에 직접 자신이 달려가 주로 은나라 백성들을 동원하여 새로운 도읍으로 낙읍을 건설한다. 이때 소공이 먼저 가서 낙읍의 터를 둘러보고 그곳의 실정을 성왕에게 보고한 글이 『서경』 주서의 「소고(召誥)」라는 글이다. 주공은 그곳에 도읍을 세우기로 결정한 다음 점까지 쳐본 결과를 성왕에게 보고한다. 그러자 성왕은 주공에게 계속 그 고장에 머물면서 새로운 도성을 건설하도록 한다. 낙읍이 조성된 다음에는 나라의 황권(皇權)의 상징인 구정(九鼎)을 낙읍으로 옮겨다 놓는다. 이때 사관이 주공과 성왕의 대화와 거동을 중심으로 하여 낙읍이란 새로운 도읍의 중요성을 기록한 글로 「낙고(洛誥)」가 남아 전한다. 그리고 앞에서 이미 설명하였지만 도읍인 호

---

61 『史記』 卷4 周本紀; "周公行政七年, 成王長, 周公反政成王, 北面就群臣之位."

경을 종주(宗周)라 부르는 한편 이곳 낙읍을 성주(成周)라고도 불렀다.[62] 이에 낙읍은 주나라의 부도(副都)의 자리를 차지하게 된 것이다. 주공은 낙읍의 건설을 완성한 뒤 먼저 은나라 백성들을 그곳으로 옮겨와 살도록 하는데 이때 주공은 특히 은나라 지식인들을 훈계하는 「다사(多士)」라는 글을 남겼다. 주공은 은나라 지식인들을 낙읍으로 동원한 뒤 그들로부터 은나라의 학술과 문화를 배워 새로운 주나라 문화와 제도를 건설하기에 힘을 기울였던 것이다. 그리고 은나라의 내사(內史)인 상지(向摯) 같은 지식인은 자기네 주(紂)왕이 더욱 혼란하고 미혹해지는 것을 보고 스스로 중요한 자료를 챙겨서 주나라로 도망을 왔다.[63] 이에 주나라 쪽에서는 매우 기뻐하며 그를 환영하였음은 말할 나위도 없다. 이를 보면 주공 때에 와서는 스스로 머리 숙이고 주나라로 와서 주나라를 위하여 봉사한 은나라의 정치문화에 관한 전문가인 지식인들이 상당히 많았을 것으로 여겨진다.

이와 동시에 주공은 성왕에게는 편히 놀지만 말고 나라를 잘 다스리라는 「무일(無逸)」이라는 글을 지어주며 충고를 하였다.[64] 「무일」의 일(逸)은 일(佚)로도 쓰는데 글의 내용을 읽어보면 완전히 어른이 아이에게 행동을 올바로 하라고 일러주는 말투이다. 무일이란 말뜻도 "편히 놀지만 마라!"는 것이다. 앞의 일부분을 보기로 인용한다.

---

62 『書經』 周書 洛誥序; "召公旣相宅, 周公往營成周, 使來告卜, 作「洛誥」.

63 『呂氏春秋』 先識覽 先識篇; "殷內史向摯, 見紂之愈亂迷惑也, 於是載其圖法, 出亡之周. 武王大說."

64 『史記』 卷4 周本紀; "成王在豐, 使召公復營洛邑, 如武王之意. 周公復卜申視, 卒營築, 居九鼎焉. 曰; '此天下之中, 四方入貢道里均.' 作召誥·洛誥. 成王旣遷殷遺民, 周公以王命告, 作多士·無佚."

「무일(無逸)」

주공이 아뢰었다. "아아! 군자는 편히 놀지 않아야 합니다. 먼저 농사짓는 어려움을 알고 나서 편히 놀게 된다면, 아래 백성들의 어려움도 이해하게 될 것입니다. 아래 백성들을 볼 것 같으면, 그의 부모들이 부지런히 일하며 씨 뿌리고 거둬들여도, 그의 자식이 씨 뿌리고 거둬들이는 어려움을 알지 못한다면 이에 편히 놀고 즐기며 방종하게 될 것입니다. 그래서 그의 부모를 업신여기고 '옛날 사람들이라 아는 것이 없다'고 말하게 될 것입니다."

周公曰; 嗚呼! 君子所其無逸.
先知稼穡之艱難, 乃逸, 則知小人之依. 相小人, 厥父母勤勞稼穡, 厥子乃不知稼穡之艱難, 乃逸乃諺旣誕. 否則侮厥父母曰; 昔之人, 無聞知.

"… 문왕께서는 허름한 옷을 입으시고 거친 들판의 일과 농사일을 하셨습니다. 매우 부드럽고 심히 공손하시어, 아래 백성들을 아끼고 보호하시고, 홀아비와 과부들도 사랑하고 잘 돌보아주셨습니다. 아침부터 한낮을 거쳐 해가 지기까지 밥 잡수실 겨를도 없이, 만백성들을 모두 화평케 하셨습니다. 문왕께서는 감히 돌아다니며 사냥하기를 즐기지 않으시고, 여러 나라를 다스림에 공경스러운 태도로 하셨습니다. 문왕께서는 중년에 천명을 받으시어, 나라를 50년 동안 다스리셨습니다."

… 文王, 卑服, 卽康功田功. 徽柔懿恭, 懷保小民, 惠鮮鰥寡. 自朝至于日中昃, 不遑暇食, 用咸和萬民.

文王不敢盤于遊田, 以庶邦惟正之供. 文王受命惟中身, 厥享國五十年.

여기에 인용한 앞 단의 글은 「무일」의 첫 대목으로 "군자는 편히 놀지 않아야 한다.", "먼저 농사 짓는 어려움을 알고 나서 편히 놀게 된다면, 아래 백성들의 어려움도 이해하게 될 것이다."라며 군자라면 편히 놀지 않아야 할 까닭을 설명하고 있다. 그러고 나서 옛날 은나라 임금들을 예로 들며 중종(中宗)과 고종(高宗) 및 조갑(祖甲)이 편히 놀지 않고 부지런히 나라를 잘 다스려 은나라를 크게 발전시켰던 일과 그들 뒤의 임금들이 놀기만 좋아하여 나랏일을 그르쳤던 역사적인 사실을 얘기해 준다. 그리고 주나라에 있어서는 태왕(太王)과 왕계(王季)에 이르러는 겸손히 하늘의 뜻을 잘 따랐고 그 뒤를 문왕이 계승하였음을 설명하고 있다. 뒷단에서는 문왕을 본보기로 내세우면서 백성들의 농사짓는 어려움을 바탕으로 백성들 생활의 여러 가지 어려움을 통틀어 말하고 있다. 문왕은 백성들을 위하여 열심히 나라를 다스렸던 덕분에 임금 자리에 50년이나 앉아 있을 수 있었다는 것이다. 그리고 사냥 같은 짓이나 하며 놀고 즐기기만 해서는 안 된다고도 타이르고 있다. 주공은 성왕에게 백성들의 어려움을 잘 살피며 "편히 놀지만 말고" 나라를 잘 다스려야 한다고 당부하고 있다. 주공은 성왕을 어린 조카로서 성의를 다하여 돌보아준 것이다.

다시 주나라 궁전에서 소공은 보(保)가 되고 주공은 사(師)가 되어 성왕의 명으로 반역을 일삼는 동쪽 회수(淮水) 지방의 오랑캐를 정벌하여 엄(奄)나라를 평정한 뒤 오랑캐 임금은 멀리 내쫓았다. 그러고 주공은 성왕의 이름으로 동쪽의 여러 나라들에게 경고를 하는 글을 써서 돌렸는데 그 글이 바로 「다방(多方)」이라는 문장으로 남아 전한다.[65] 그 글의 한 토막을 예로 든다.

> "임금님이 말씀하셨소. '아아! 여러 나라의 관리들이여! 그대들이 나의 명령을 믿고 힘써 행하지 못한다면, 그대들은 또한 안락을 누리지 못하게 될 것이오. 그러면 백성들도 편치 못하다고 말하게 될 것이오. 그대들이 방탕하고 비뚤어진 짓을 하여 임금의 명령을 크게 어기면, 곧 그대들 여러 나라는 하늘의 노여움을 건드리게 되는 것이요, 나도 곧 하늘의 벌을 대신하여 그대들의 사는 곳으로부터 멀리 쫓아내어 버리겠소!'"[66]

여기에 "임금님이 말씀하셨소."하고 말을 시작하고 있지만 실제로는 주공이 쓴 글이 분명한 글이다. 주공 자신이 천자나 다름없이 행동하고 있는 것이다.

또 이때 주공은 성왕에게 정치를 올바로 하는 법을 깨우치기 위하여 「입정(立政)」이란 글을 짓고,[67] 임금의 이름을 빌려 주나라 여러 관리들

---

65 『史記』 卷4 周本紀; "召公爲保, 周公爲師, 東伐淮夷殘奄, 遷其君薄姑. 成王自奄歸在宗周, 作多方."

66 『書經』 周書 「多方」; "王曰; 嗚呼! 多士! 爾不克勸忱我命, 爾亦則惟不克享, 凡民惟曰不享. 爾乃惟逸惟頗, 大遠王命, 則惟爾多方探天之威, 我則致天之罰, 離逖爾土."

에게 맡은 일을 잘하라고 훈계하는 「주관(周官)」이란 글도 지었다.[68] 이처럼 주공이 성왕과 함께 주나라 여러 관리들에게 정치를 올바로 할 것을 훈계하고 있는 것을 보면 주공이 주나라 임금과 함께 주나라의 모든 관리들을 다스리고 있었음을 알 수 있다. 이 「주관」은 그 시대 주나라 관리제도를 알아보는 데에도 큰 도움이 되는 귀중한 글이다.

이상 인용한 주공의 글들은 모두 『서경』 주서(周書)에 실려 있다. 『서경』 주서 32편은 실상 주공의 글을 중심으로 하여 이루어져 있다. 그러니 『서경』만 보더라도 주공은 주나라의 어떤 인물보다도 중요한 사람이었음을 알게 된다. 역사 기록에는 여기에 설명한 여러 가지 일들이 성왕의 업적처럼 표현되어 있는 곳이 많지만 사실은 모두가 주공이 주동적으로 이루어 놓은 것들이다.

주공은 성왕을 대신하여 7년 동안 주나라를 다스린 뒤 정권을 성왕에게 돌려주고 자신은 신하의 자리로 내려앉았다고 하였다.[69] 성왕이 주공을 절대적으로 존중한 이상 정권을 돌려준 뒤에도 주공은 계속 성왕을 위하여 나랏일을 보다 적극적으로 돌보아주었을 것이다. 또 한 편 이때에는 주공이 나이를 먹고 스스로 늙었음을 깨달았거나 건강이 좋지 못하게 되었을 가능성도 많다. 성왕의 능력을 인정하게 되었다기보다도 스스로의 능력이 어쩔 수 없게 되어 정권을 임금에게 되돌려주었다는 것이다. 그리고 주공은 나라 다스리는 일을 성왕에

---

67 「書序」; "周公作立政." 『書經』 周書 「立政」; "周公若曰; 拜手稽首, 告嗣天子王矣. 用咸戒于王, 曰王左右."

68 『史記』 卷4 周本紀; "旣絀殷命, 襲淮夷, 歸在豐, 作周官. 興正禮樂, 度制於是改, 而民和睦, 頌聲興."

69 『史記』 卷4 周本紀; "周公行政七年, 成王長, 周公反政成王, 北面就群臣之位."

게 되돌려준 뒤 곧 죽었다고도 볼 수 있기 때문이다. 주공이 죽은 뒤에도 성왕은 25년 정도 더 임금 자리에 앉아 나라를 다스렸다. 그 동안에도 성왕은 나라를 잘 다스렸으니 성왕 자신도 총명한 임금이었던 것 같다. 그리고 성왕 시기에 주나라의 기반이 완전히 다져진다.

4. 동쪽을 정벌東征하고 은나라 문화를 근거로 새로운 주나라 문화를 건설하다

앞에서 이미 얘기한 바와 같이 주나라 무왕은 주공의 도움으로 은나라를 정벌하여 임금 주왕(紂王)을 잡아 죽였다. 그리고 주왕의 아들 무경(武庚) 녹보(祿父)를 동쪽 지역의 은나라 옛 땅에 봉해주어 자기 조상들 제사를 받들 수 있게 하였다. 그때 자기 아우 관숙(管叔)과 채숙(蔡叔)도 그 근처 가까운 땅에 봉해주고 한 편 무경 녹보의 정치를 감독하도록 하였다.[70] 무왕이 은나라를 쳐부수고 아직 성왕은 어리고 주나라 정치의 터전이 제대로 잡혀있지 않은 때라, 주공의 형제인 관숙과 채숙은 주공의 본심을 의심하게 되자 무경 녹보를 부추겨 반란을 일으킨다. 이에 주공은 직접 군대를 이끌고 동쪽의 반란자들 정벌에 나서서 3년 동안 싸워 무경과 관숙은 잡아 죽이고 채숙은 멀리 쫓아내어 반란을 평정하게 된다.[71] 실은 이때 태공 망(望)도 동정에 참여하

---

70 『史記』 卷4 周本紀; "遂入, 至紂死所. 武王自射之, 三發而下車, 以輕劍擊之, 以黃鉞斬紂頭, 縣大白之旗. …封商紂子祿父, 殷之餘民. 武王爲殷初定未集, 乃使其弟管叔鮮·蔡叔度相祿父治殷."

여 그의 제(齊)나라 땅을 널리 확보하였고, 소공도 주공을 따라 정벌에 참여하였다.[72] 그러고 전쟁이 끝난 뒤 은나라 땅 일부에는 미자(微子)를 봉하여 송(宋)나라를 세우게 하고 나머지 땅에는 무왕의 동생 강숙(康叔)을 봉해주어 위(衛)나라라 부르도록 한다.[73] 이 동쪽 정벌을 이끈 중심 인물은 더 말할 것도 없이 주공이었다.

이 유명한 주공의 동쪽 정벌은 반란의 진압에서 그치는 일이 아니다. 주공의 이 동쪽 정벌은 첫째 반란자들을 진압하고 망한 은나라의 나머지 세력을 완전히 쓸어버려 주나라의 기반을 든든히 한다는 데 목적이 있었다. 그리고 둘째로는 미개한 주나라로서 문화가 발전한 은나라의 근거가 되는 지역을 완전히 제압함으로써 은나라의 여러 가지 뛰어난 정치사회 제도와 학술 문화를 장악하여 야만 민족인 자기 나라의 새로운 정치사회 제도를 마련하고 자기네 학술과 문화를 발전시키는 바탕으로 삼으려는 야망도 있었다.

이미 살펴보았듯이 본래 주나라는 형편없이 미개한 오랑캐 나라이고 은나라는 상당히 발전한 문화를 누리고 있던 나라이다. 중국의 하남(河南)성 안양(安陽)현 소둔촌(小屯村)을 중심으로 하는 지방 원하(洹

---

71 『史記』 卷4 周本紀; "成王少, 周初定天下, 周公恐諸侯畔周, 公乃攝行政當國. 管叔·蔡叔群弟疑周公, 與武庚作亂, 畔周. 周公奉成王命, 伐誅武庚·管叔, 放蔡叔."

72 『史記』 卷32 齊太公世家; "成王少時, 管蔡作亂, 淮夷畔周, 乃使召康公命太公曰; 東至海, 西至河, 南至穆陵, 北至無棣, 五侯九伯, 實得征之. 齊由此得征伐, 爲大國. 都營丘."

73 『史記』 卷35 管蔡世家; "武王已克殷紂, …於是封叔鮮於管, 封叔度於蔡, 二人相紂子武庚祿父, 治殷遺民. …武王旣崩, 成王少, 周公旦專王室. 管叔·蔡叔疑周公之爲不利於成王, 乃挾武庚以作亂. 周公旦承成王命, 伐誅武庚, 殺管叔, 而放蔡叔, 遷之. …而分殷餘民爲二, 其一封微子啓於宋, 以續殷祀; 其一封康叔爲衛君, 是爲衛康叔."
『史記』 卷4 周本紀; "周公奉成王命, 伐誅武庚·管叔, 放蔡叔. 以微子開代殷後, 國於宋. 頗收殷餘民, 以封武王少弟封爲衛康叔."

河)의 남북 양쪽 기슭 약 24평방킬로미터 지역에서 1928년에서 시작된 은(殷)나라 유적의 발굴을 통하여 수많은 유물들이 발견되었다. 그곳은 상(商)나라 반경(盤庚)임금이 옮겨와 마지막 주(紂)임금 시대까지 273년 동안 은나라의 도읍으로 삼아 나라 이름도 은이라 부르도록 만든 고장이다. 은허(殷墟)라고 부르는 그곳에서는 왕릉(王陵)과 궁전 종묘 등의 유지(遺址: 예전의 역사적 자취가 남아 있는 자리)가 발견되고 거기에서는 다시 여러 가지 청동기(青銅器)와 옥기(玉器)·골기(骨器) 등을 비롯하여 무기·기구(器具) 등 여러 가지 은나라 때의 유물이 나왔다. 그 유물 중에서도 가장 중요하고 유명한 것은 15만 조각에 달하는 갑골복사(甲骨卜辭)이다. 갑골(甲骨)이란 은나라 사람들이 점을 칠 때 쓰던 거북 껍데기와 짐승 뼈이다. 복사(卜辭)는 점친 거북 껍데기나 짐승 뼈에 새겨진 점과 관계되는 글로 갑골문(甲骨文)이라고도 부른다. 청동기에 새겨진 금문(金文)과 함께 이 갑골문은 상나라 후기에 사용되던 중국에서 가장 오래된 한자 전신 형태의 문자이다. 갑골문 중에는 우리가 글자의 뜻과 모양을 확실히 알 수 있는 글자가 1,000자 정도가 되는데, 그중에는 문자의 발전 단계에 따라 어떤 물건의 모양을 본뜬 상형자(象形字)와 사람들의 생각이나 뜻을 나타낸 회의자(會意字)도 있지만 뜻을 나타내는 글자와 읽는 소리를 나타내는 글자가 합쳐져 이루어진 형성자(形聲字)도 있다. 형성자란 지(枝)·고(枯)와 강(江)·하(河) 같은 글자로, 갑골문에 형성자가 있다는 것은 갑골문자가 만들어지기 시작한 이래로 상당히 오랜 발전의 역사 기간을 겪어 왔음을 말해주는 것이다. 곧 은나라는 상당히 발전한 한자 전신의 글자를 이미 쓰고 있었다는 것이다.

은나라의 갑골문자는 주로 사람들이 신과 뜻을 통하기 위하여, 곧 점을 칠 적에 사용하던 문자였다. 주공은 그것을 가져다가 사람과 사람 사이의 뜻을 서로 통하고 천하의 여러 나라에 명령을 전달하는 용구로 사용하였다. 주공에 의하여 갑골문자가 정식으로 일반 사회에 사용되는 문자로 발돋움하게 된 것이다. 곧 주공은 갑골문자를 한자로 발전시킨 것이다. 주공이 동쪽을 정벌하고 수습하여 주나라로 들여온 여러 가지 은나라 문물제도 중에서 가장 중요한 것이 옛 한자의 전신인 갑골문자였다고 할 수 있다.

은나라는 갑골문자 이외에도 여러 가지 정치사회에 관한 제도를 상당히 잘 갖추고 있었다. 주공은 이것도 들여와 자신이 발전시킨 한자를 바탕으로 새로운 주나라의 예악제도(禮樂制度)를 만들고 나라를 다스리기 위하여 봉건제도도 실시하였다. 이에 말과 풍습이 다른 넓은 중국 땅 안의 여러 종족들을 새로운 한 민족으로 동화되도록 하여 다스리기 시작하게 되었던 것이다. 여기에서 이른바 중원(中原)이 이루어지고 중국 민족의 중심을 이루어온 한족(漢族)이 형성된 다음 중국의 전통문화가 형성되기 시작하였던 것이다.

은나라의 여러 가지 기술과 제도를 주나라로 가져와 이용한다는 것은 그리 쉬운 일이 아니다. 특히 은나라의 전문가의 도움이 없이는 무척 어려운 일이다. 주공이 낙수(洛水) 근처에 새로운 도읍인 낙읍을 건설한 것은 자기들이 정복한 동쪽 지역을 다스리는 데 편리한 근거지를 만드는 한편 은나라의 여러 기술자들과 전문가들을 데려다가 낙읍을 근거지로 삼아 효율적으로 이용하려는 목적도 겸하고 있었다. 주공은 은나라 사람들을 데려다가 새로운 도읍인 낙읍을 건설한 뒤에 은나라의 지식인과 기능인들을 그곳으로 불러 모아놓고 그들의 뛰어난 여러 가지 기술과 함께 예악제도를 모두 배워 자기 것으로 만들려고 한 것이다. 『서경』 주서 「낙고(洛誥)」에 이런 말이 보인다.

"주공이 아뢰었다. 임금님은 처음부터 은나라 예를 따라 새 도읍에서 제사 지내시되, 모든 일을 질서에 따라 문란하지 않게 하십시오."[74]

그러니 같은 책 주서 「소고(召誥)」에 보이는 주공이 새로 건설한 낙읍에서 제사를 지낸 다음과 같은 의식도 모두 은나라 예를 배워서 그것을 따라 진행한 것임에 틀림이 없다.

"주공이 아침에 낙읍으로 와서… 사흘이 지난 정사(丁巳) 날, 하늘에 지내는 제사에 제물로 소 두 마리를 사용했다. 다음 날 무오(戊午)에는 또 땅에 지내는 제사를 새 도읍에서 지냈는데, 소 한 마리, 양 한 마리, 돼지 한 마리를 제물로 썼다."[75]

주공은 은나라 예를 무척 중시하였다. 『서경』 주서 「군석(君奭)」편을 보면 주공은 이렇게 말하고 있다.

"은나라의 예는 위로 올라가 하늘의 뜻에 맞게 되어, 여러 해 나라

---

74 『書經』 周書 洛誥; "周公曰; 王肇稱殷禮, 祀于新邑, 咸秩無文."

75 『書經』 周書 召誥; "周公朝至于洛, … 越三日丁巳, 用牲于郊, 牛二. 越翼日戊午, 乃社于新邑, 牛一羊一豕一."

를 다스릴 수가 있었다."[76]

주공은 수많은 은나라 사람들을 데려와 은나라의 것을 배우려고 무척 힘썼다. 그리고 주서(周書)의 여러 편에 보이는 '은나라 사람들(庶殷)'과 '여러 관리들(百工)' 속에는 아마도 은나라의 문화에 관한 전문가들과 함께 여러 가지 기술자들이 다수 포함되어 있었을 것이다. 주서의 「낙고(洛誥)」에서는 주공이 성왕에게 이런 말을 하고 있다.

"젊은 사람을 모셔서 도읍을 삼을 곳을 살피시도록 한 것은, 은나라 어진 백성들을 크게 쓰기 위해서입니다."[77]

여기의 "은나라 어진 백성들(殷獻民)"도 주공이 데려다가 일을 시킨 은나라의 여러 가지 기술자들과 예악제도에 관한 전문가였음이 분명하다. 특히 지금 낙양(洛陽)에서 출토되고 있는 서주(西周) 초기의 청동기(青銅器) 중에는 은나라 청동기에 가까운 매우 정교하게 만들어진 것이 많다. 아무래도 그것은 주공이 낙읍을 건설하면서 데려온 은나라의 청동기 기술자들이 만들었기 때문일 것이다. 이들이 죽은 뒤로는 그들에게 청동기 제작 기술을 물려받았다 하더라도 제작 기술이 스승들의 수준에는 미치지 못할 수밖에 없었을 것이다. 뒤에 주나라에서 만들어진 청동기는 이 서주 초기의 청동기에 비하여 여러 면에서

---

76 『書經』 周書 君奭; "殷禮陟配天, 多歷年所."

77 『書經』 周書 洛誥; "孺子來相宅, 其大惇典殷獻民."

질이 뒤진다. 곧 낙양에서 출토되는 서주 초기의 청동기는 "은나라 어진 백성들(殷獻民)"이 만든 물건이어서 은나라의 기술이 그대로 발휘되고 있었던 덕분인 것이다.

아무리 주공이 천재라 하더라도 은나라 지식인들의 도움이 없었다면 갑골문자를 가져다가 한자로 개발하여 자기들 정치에 응용하고 또 은나라 문물제도를 바탕으로 새로운 예악제도를 발전시킬 수는 없었을 것이다. 주공은 갑골문자와 은나라 문물제도를 주나라의 것으로 발전시키기 위하여 은나라 지식인들의 힘을 빌리지 않을 수가 없었다. 가장 뚜렷이 드러나는 주나라 예악제도의 발전을 적극적으로 도운 은나라 지식인으로는 유가(儒家) 계열의 사람들이 있었다. 후스(胡適, 1891-1962)의 『설유(說儒)』[78]를 보면 유(儒)는 본래 은나라의 사(士)였던 예를 돌보는 일을 전문으로 하던 사람들이라 추정하고 있다. '예'란 실상 그 시대에는 정치사회제도와 밀접한 관계가 있던 사람들의 행동 규범이며, 은나라 문화를 대표할 수 있는 것이었다. 정복자인 주나라 사람들은 은나라 유민들을 잔인하게 죽이고 노예로 만들고 하면서도 은나라의 정치사회제도와 문화는 배울 필요가 있었기에, 특히'예'에 대해서는 어떤 사람들보다도 많이 알고 있는 그 방면의 전문가인 '유'에 속하는 사람들을 달래어 보호해 주며 그들을 이용하였다. 주공은 나라 중앙에 낙읍(洛邑)이라는 새 도읍을 건설하여 놓고 그곳으로 은나라의 지식인들을 모여들게 한 뒤 그들을 이용하였던 것이다. 주공이 낙읍을 완성하고 성왕에게 당부한 말이 『서경』 주서(周

78 『胡適文存』 제4집 소재.

書)에 「낙고(洛誥)」편으로 전해지고 있다. 「낙고」를 보면 주공의 다음과 같은 당부의 말이 보인다.

> "임금님은 처음부터 은나라 예를 따라 새 도읍에서 제사를 지내시되 모든 일에 질서를 따라 문란하지 않게 하십시오."[79]

또 주공이 소공(召公)을 달래는 말이 적혀있는 같은 책의 「군석(君奭)」편을 보면 주공이 소공에게 이렇게 말하고 있다.

> "은나라의 예는 위로 하늘의 뜻에 맞아 여러 해 나라를 다스릴 수 있었습니다."[80]

주공은 은나라의 예를 이처럼 높이 평가하고 있었던 것이다. 여기에서 은나라의 예란 은나라의 역사와 예의제도를 말하는 것이다. 주공은 이 은나라의 예를 본뜨고 배워서 새로운 주나라의 문화를 건설하려 하였던 것이다. 주공은 이처럼 중국의 동쪽 지방의 반역자들과 오랑캐들을 정벌하여 주나라 땅을 안정시키는 한편 그들의 문화도 수용하여 새로운 전통문화 발전의 터전도 이룩한 위대한 인물이었다.

심지어 유가를 창설한 공자(B.C. 552-B.C. 479)는 주공이 정벌한 은나라 왕실의 후손이지만 주나라와 주공을 무척 존중하였다. 공자의 집

79 『書經』 周書 「洛誥」; "王肇稱殷禮, 祀于新邑, 咸秩無文."

80 『書經』 周書 「君奭」; "殷禮陟配天, 多歷年所."

안은 은나라가 망한 뒤에 송(宋)나라로 옮겨 가 살다가 다시 노(魯)나라로 옮겨와 곡부(曲阜)에 살았던 사람들이다. 이 때문에 공자 스스로도 자신은 '은나라 사람'이라고 말하고 있다.[81] 지금의 산둥(山東) 지역인 제(齊)나라와 노(魯)나라는 은나라 사람들이 은나라 문화를 지키며 살던 고장이다. 주나라 초기에 주공이 동쪽 지방을 정벌하면서 쳐부쉈던 포고(蒲姑)가 제나라이고 엄국(奄國)은 노나라이다. 그리고 주나라의 정치적인 권력 중심지는 장안이 있는 관중(關中) 땅이었지만 주나라의 문화 중심지는 여전히 제나라와 노나라 지방이었다.

공자는 자기 민족과 조국을 정복한 주나라를 따라서 새로운 이상세계의 건설을 추구하여 중국 전통문화의 터전을 마련한 성인이라 받들어지는 인물이다. 이 때문에 『논어(論語)』만 보더라도 공자는 주나라를 위하고 따를 것을 다짐하고 있다.

> "주나라는 하(夏)와 은(殷) 두 나라를 본떴으므로 문물제도가 빛나고 있다. 나는 주나라를 따르겠다."[82]

> "만약 나를 등용하는 사람이 있다면 나는 그 나라를 동쪽의 주나라로 만들겠다."[83]

그러고 공자는 자신이 주나라 문화를 이어받은 것을 자존심으로 내

---

81 『禮記』 檀弓.

82 『論語』 八佾; "周監於二代, 郁郁乎文哉. 吾從周."

83 『論語』 陽貨; "如有用我者, 吾其爲東周乎."

세우고도 있다.

"문왕(文王)은 돌아가셨지만 그의 문화는 여기 나에게 전해져 있지 않은가?"[84]

심지어 자기 조국을 쳐부순 것도 모자라 노나라 지방까지 원정하여 은나라 사람들을 잡아 죽이고 은나라 문화를 가져다가 새로운 주나라 문화를 건설한 주공을 자신의 이상적인 인물로 받들기도 하였다. 그러기에 공자는 만년에 뜻을 이루지 못한 자신을 한탄하면서 이런 말을 하고 있다.

"너무나도 내가 노쇠하였구나! 오랜 동안 나는 주공을 다시는 꿈에 보지 못하였으니!"[85]

이러한 주공의 위대한 업적을 이루는 가장 큰 계기가 되었던 것이 그의 동쪽 정벌인 동정이었다. 『시경』을 보면 국풍(國風)의 빈풍(豳風) 시는 거기에 실린 일곱 편이 모두 주공의 공적과 관련된 작품이다. 그 중에는 주공이 3년 동안의 동쪽 정벌을 끝내고 돌아와 동쪽으로 나가 반역자들을 정벌할 때를 생각하며 읊었다는 「동산(東山)」 시가 있다. 아래에 그 시를 소개한다.

---

84 『論語』 子罕; "文王旣沒, 文不在玆乎?"

85 『論語』 述而; "甚矣, 吾衰也! 久矣, 五不復夢見周公!"

「동산(東山)」

우린 동산에 가
오랫동안 돌아오지 못했는데
동쪽으로부터 돌아올 적엔
보슬비 보슬보슬 내렸었지.
우리는 동쪽에서 돌아갈 날 생각하며
서쪽 그리움에 슬퍼했었지.
돌아가 입을 평복 지으며,
다시는 군대에 종사하지 않겠다고 했지.
꿈틀꿈틀 뽕나무 벌레 기는
뽕나무밭에서
웅크리고 홀로 누어
수레 밑에서 밤 지새웠네.

我徂東山, 慆慆不歸.
我來自東, 零雨其濛.
我東曰歸, 我心西悲.
制彼裳衣, 勿士行枚.
蜎蜎者蠋, 烝在桑野.
敦彼獨宿, 亦在車下.

우린 동산에 가

오랫동안 돌아오지 못했는데
동쪽으로부터 돌아올 적엔
보슬비가 보슬보슬 내렸었지.
주렁주렁 하늘타리 덩굴이
처마 밑에 뻗어 있고,
방안엔 쥐며느리 기고,
문에는 말거미가 줄을 치고 있네.
사슴 놀이터엔 여기저기 사슴 발자국,
밤길에는 도깨비불.
고향은 두렵기는커녕
그립기만 하였거니.

我徂東山, 慆慆不歸.
我來自東, 零雨其濛.
果臝之實, 亦施于宇,
伊威在室, 蠨蛸在戶.
町畽鹿場, 熠燿宵行.
不可畏也, 伊可懷也.

우린 동산에 가
오랫동안 돌아오지 못했는데
동쪽으로부터 돌아올 적엔
보슬비가 보슬보슬 내렸었지.

개미 둑에선 황새가 울고,
아내는 집에서 한숨지으며,
쓸고 닦고 쥐구멍 막고 있을 때,
출정했던 내가 돌아왔지.
데굴데굴 쪽박이
쌓아놓은 밤나무 땔감 위에 뒹굴고 있었지.
그러고 보니 내가 떠난 지
삼년 만에 왔구려.

我徂東山, 慆慆不歸.
我來自東, 零雨其濛.
鸛鳴于垤, 婦歎于室,
洒埽穹窒, 我征聿至.
有敦瓜苦, 烝在栗薪.
自我不見, 于今三年.

우린 동산에 가
오랫동안 돌아오지 못했는데,
동쪽으로부터 돌아올 적엔
보슬비가 보슬보슬 내렸었지.
꾀꼬리가 푸드득
고운 날개깃 자랑할 때,
아내는 시집왔는데,

누런 말 붉은 말이 수레 끌었었지.
장모는 아내 허리에 수건 매주며,
온갖 의식 갖추어 시집보내셨지.
신혼 때 그토록 즐거웠으니,
오래된 지금이야 더욱 어떠하랴?

我徂東山, 慆慆不歸.
我來自東, 零雨其濛.
倉庚于飛, 熠燿其羽.
之子于歸, 皇駁其馬.
親結其縭, 九十其儀.
其新孔嘉, 其舊如之何?

이 「동산」 시는 주공이 동정을 하고 돌아와 쓴 시라 하였지만 동정에 종군했던 아래 사람이 쓴 것이라 주장하는 이도 있다. 이 시의 제1절에서는 전쟁터에 나가 있을 적의 간절했던 집 생각을 회상하면서 힘들고 어려웠던 종군 생활도 함께 떠올리며 노래하고 있다. 제2절에서는 종군 생활의 고난을 노래하면서 한 편으로 그리웠던 고향의 안온한 정경을 떠올리고 있다. 제3절에서는 전쟁을 끝내고 집으로 돌아왔을 적의 평화로운 집안 주변의 정경과 남편을 생각하며 어렵게 지내온 부인의 모습을 함께 읊고 있다. 제4절에서는 작자가 결혼하던 때를 회상하며 아내에 대한 사랑을 노래하고 있다. 어려운 전쟁을 끝내고 돌아온 군인의 시 같지 않게 읽는 이의 가슴을 들뜨게 하는 아름다운 서정이 두드러진다. 주공은 강한 적을 무찌른 장군일 뿐만 아니라 이러한 서정적인 작품도 쓸 수 있는 시인이었기에, 은나라가 있던 동쪽 지방의 반란을 평정하면서 또 한 편으로 은나라가 발전시키고 있던 여러 가지 문화제도까지도 수합하여 가져다가 자기들에 맞게 응용하여 새로운 주나라의 문화와 예악제도도 마련할 수가 있었을 것이다.

다시 본격적으로 주공의 동정을 노래한 시로는 『시경』 빈풍(豳風) 「동산」 시 다음에 실려 있는 「파부(破斧)」 시가 있다. 그 시를 아래에 소개한다.

「파부(破斧)」

내 도끼 이미 깨어졌고
내 싸움 도끼도 이가 다 빠졌네.
주공께서 동쪽 정벌하여
온 세상 바로잡으셨네.
우리 백성 아끼시는 마음
너무도 위대하시네.

既破我斧, 又缺我斨.
周公東征, 四國是皇.
哀我人斯, 亦孔之將.

내 도끼 이미 깨어졌고
내 톱도 이가 다 빠졌네.
주공께서 동쪽 정벌하여,
온 세상 바로잡으셨네.
우리 백성 아끼시는 마음,
너무도 훌륭하시네.

既破我斧, 又缺我錡.
周公東征, 四國是吪.
哀我人斯, 亦孔之嘉.

내 도끼 이미 깨어졌고
내 연장자루도 부서졌네.
주공께서 동쪽 정벌하여,
온 세상 평화롭게 하셨네.
우리 백성 아끼시는 마음
너무도 아름다우시네.

既破我斧, 又缺我銶.
周公東征, 四國是遒.
哀我人斯, 亦孔之休.

「파부」 시는 3절 모두 주공 동정의 어려움과 함께 위대한 업적을 기린 내용이다. '파부'란 "도끼가 깨어진다." 곧 "도끼의 이가 다 빠진다."는 뜻이다. 이곳의 도끼는 옛날 무기로 쓰던 특수한 도끼이다. 그 도끼의 이가 다 빠졌다는 것은 주인공이 극히 어렵고 힘든 전쟁을 겪었음을 상징하는 말이다. 제1절에서는 주공의 동정은 무척 어렵고 힘든 정벌이었지만 그 동정을 통하여 온 세상이 바로잡히었음을 노래하고, 다시 제2절에서는 그 동정을 통하여 온 세상이 살기 좋은 곳이 되었음을 읊고, 제3절에서는 그 동정을 통하여 온 세상이 평화로워졌음을 노래하고 있다. 곧 주공이 세운 위대한 업적을 읊은 것이 이 시이다.

이 두 편의 시만 보더라도 주공의 동정이 세상에 끼친 공로가 얼마나 위대한가 짐작할 수가 있을 것이다. 주공은 동정을 통하여 주나라의 영역을 확보하였을 뿐만 아니라 중국 전통문화의 기반이 될 중국 문화의 터전도 마련하였던 것이다.

5. 낙읍洛邑을 건설하다

주나라가 은나라를 쳐부수고 은나라 옛 땅 일부에 은나라 주왕의 아들 무경을 봉하였는데, 무경은 자신을 감독하라고 역시 그 고장에 봉한 주공의 동생인 관숙과 채숙을 유인하여 반란을 일으켰다. 주공은 곧 출정하여 그 반란을 진압하고 더욱 동쪽으로 진출하여 그 지방의 은나라 세력 및 은나라를 지지하던 동이족(東夷族)과 회이족(淮夷族) 같은 부족들까지도 깨끗이 무찔러 버렸다. 이 덕분에 야만적인 오랑캐였던 주 민족이 문화민족을 완전히 제압하고 천하를 지배할 수 있게 된 것이다. 이에 주나라는 천하를 지배할 여러 가지 새로운 제도와 함께 동쪽 지역까지도 합쳐진 새로운 넓은 세상을 다스리기에 편리한 새로운 도읍이 필요하게 되었다. 이때 주나라의 도성 호경(鎬京, 지금의 陝西省 長安縣 서남 지역)은 서쪽 지역에 치우쳐 있었다. 이에 주공은 소공과 손을 잡고 황하를 따라 동쪽으로 더 나아가 지금의 하남성(河南省) 황하로 흘러들고 있는 낙수(洛水) 가에 새로운 도읍인 낙읍(洛邑)을 건설하기로 한다. 낙수는 낙하(洛河)라고도 부른다. 그리고 전국시대 이후로는 낙읍을 낙양(洛陽)이라고 부르게 된다. 낙읍의 낙자는 본래 雒으로 썼는데 지금에 이르러서는 洛자를 더 많이 쓰게 되었다. 낙읍의 옛 성이 지금의 낙양 서쪽에 남아 있다.

이 낙읍 건설에 대하여는 『서경』 주서(周書) 「소고(召誥)」에 기록이 비교적 구체적으로 실려 있다. 따라서 낙읍의 건설과 관계되는 「소고」의 앞머리 기록 세 대목을 중심으로 하고, 그와 연관되는 자료를 보충하면서 낙읍이라는 새로운 도시의 건설 과정을 설명하려고 한다.

「소고」 첫째 대목;

"2월 16일에서 엿새 지난 을미 날(20일)에, 임금님은 아침에 주나라 도읍으로부터 걸으시어 풍 땅으로 오셨다."

惟二月既望越六日乙未, 王朝步自周, 則至于豐.

여기서의 임금님은 성왕이다.[86] 풍(豐, 지금의 陝西省 鄠縣 동쪽 지역)이라는 곳은 문왕이 도읍으로 삼았던 곳, 그 뒤를 이은 무왕은 호(鎬, 陝西省 長安縣 서남 지역) 곧 호경(鎬京)으로 도읍을 옮겼다. 성왕이 풍으로 온 것은 할아버지 문왕의 뜻을 계승하는 한편 낙읍을 건설하려던 아버지 무왕의 뜻을 받들려는 생각이 있었기 때문이었다.[87] 무왕은 이미 낙읍 건설의 꿈을 지니고 있었다. 『사기』에는 다음과 같은 기록이 있다.

"무왕은 전국 구주(九州)의 우두머리인 임금들을 불러 모아 함께 빈(豳)의 언덕에 올라가 상나라 도읍 쪽을 바라보았다. 무왕은 주나라로 돌아와 밤이 되어도 잠을 이루지 못하였다. 주공 단이 무왕이 계신 곳으로 가서 말하였다. '어찌하여 주무시지 못하십니까?' 무왕이 대답하였다. '자네니까 일러주겠네. 하늘은 은나라를 돌보아주지 않으셨네. 내가 태어난 지 지금 육십 년이 되었는데 고라니와 사슴이 우리 속에 있고 날아다니는 기러기는 들판에 가득하니 하늘이 은나라를 돌보아주지 않으셔도 지금에 이르러는 이루어지는 것이 있네. 하늘이 처음 은나라를 세워주시어 그중 발탁된 현인(名民)이 360명인데 크게 두드러지지도 않았지만 배척하지도 않은 채 지금에 이르고 있네. 하늘이 주나라를 보우할지는 확신하지 못하고 있으니 잠잘 겨를이 어디 있겠나?' 무왕이 또 말하였다. '… 내가 남쪽으로 세 방향의 길을 바라보고 북쪽으로 산기슭을 바라보니 바라보

86 『書經』 周書 「召誥」 書序 ; "成王在豐, 欲宅洛邑, 使召公先相宅, 作召誥."

87 『史記』 卷4 周本紀; "成王在豐, 使召公復營洛邑, 如武王之意."

> 이는 중에 황하도 있고 또 낙수(雒水)와 이수(伊水)도 바라볼 수 있어 임금님 계신 곳도 멀리 있지 않네. 낙읍(雒邑)에 주나라 도읍을 건설한 다음 돌아가서 화산(華山)의 북쪽 기슭에 말을 풀어 놓고 도림(桃林)의 언덕에 소를 풀어 놓은 다음 방패와 창을 내려놓고 무기를 버리고 군사들을 풀어주어 천하에 다시는 사용하지 않을 것임을 보이고 싶네.'"[88]

무왕이 상나라 도읍을 바라보고 돌아와서는 그날 밤 잠을 이루지 못하였다. 이에 옆에 있던 주공이 무왕에게 왜 잠을 이루지 못하는가 물었다. 이때 무왕의 대답 중에는 다음과 같은 말이 있다. 자신이 하늘의 뜻을 제대로 받들지 못하는 은나라를 쳐부수기는 하였으나, 낙수(洛水)와 이수(伊水) 근처의 산천을 바라보니 "주나라 도읍으로 낙읍을 건설하고 나서는 화산(華山)[89]의 남쪽 기슭에 말을 풀어놓고 도림(桃林)[90]의 넓은 땅에 소를 풀어놓고 기르며, 무기는 모두 내려놓고 병사들은 모두 놓아주어 집으로 돌려보냄으로써 온 천하에 다시는 전쟁을 하지 않겠노라는 것을 보여주고 싶다." 그것이 뜻대로 되지 않아 잠을 이루지 못한다는 것이다. 곧 천하의 중심지에 낙읍이라는 새로

---

88 『史記』 卷4 周本紀; "武王徵九牧之君, 登豳之阜, 以望商邑. 武王至于周, 自夜不寐. 周公旦卽王所, 曰; '曷爲不寐?' 王曰; '告女; 維天不饗殷. 自發未生, 於今六十年, 麋鹿在牧, 蜚鴻滿野. 天不享殷, 乃今有成. 維天建殷, 其登名民三百六十夫, 不顯亦不賓滅, 以至今. 我未定天保, 何暇寐!' 王曰; '…. 我南望三途, 北望嶽鄙, 顧詹有河, 粤詹雒·伊, 毋遠天室. 營周居于雒邑而後去, 縱馬於華山之陽, 放牛於桃林之虛, 偃干戈, 振兵釋旅, 示天下不復用也.'"

89 陝西省 華陰縣 남쪽에 있는 산 이름, 이른바 五嶽 중의 西嶽임.

90 河南省 閿鄉縣 서쪽으로부터 陝西省 潼關縣 동쪽에 이르는 일대의 땅, 桃林塞 또는 桃原이라고도 부른다.

운 도읍을 건설하고 세상을 태평천하로 이끄는 것이 무왕의 꿈이었던 것이다.

「소고」 둘째 대목;

태보(소공)는 주공에 앞서 살 곳을 조사하기로 하였다. 그 다음 3월 초사흘 병오 날부터 사흘 지난 무신 날(5일)에, 태보는 아침에 낙(洛) 땅에 이르러 살 곳을 점쳤다. 그는 좋은 점괘를 얻고는 곧 도읍을 측량하고 설계하기 시작하였다.

사흘이 지난 경술 날(7일)에 태보는 여러 은나라 사람들을 거느리고 낙수 물굽이에 터를 닦기 시작하여, 닷새가 지난 갑인 날(11일)에는 터를 다 조성하였다.

惟太保, 先周公相宅. 越若來三月惟丙午, 朏越三日戊申, 太保朝至于洛, 卜宅. 厥旣得卜, 則經營.

越三日庚戌, 太保乃以庶殷, 攻位于洛汭, 越五日甲寅, 位成.

이 둘째 대목은 소공의 활동이 중심을 이루고 있다. 여기에서 성왕을 앞에 내세우고 있지만 실질적인 주동자는 주공이라 보아야 한다. 주공이 소공과 의논하여 낙읍의 건설을 추진하였는데, 소공은 주공에 앞서 먼저 낙읍을 건설할 곳으로 가서 도성 건설의 준비를 한다. 그는 먼저 그곳에 낙읍이란 도성을 건설하는 것이 길한 일인가 길하지 않은 일인가 점부터 쳐 본다. 점을 친다는 것은 옛사람들의 일상 습성이었다. 좋은 점괘가 나오자 곧 그 지역을 측량도 하고 도성의 설계도 한다. 그러고는 은나라 사람들을 동원하여 낙수 가에 낙읍의 터를 닦는다. 『서경』 주서 「낙고」의 서문에도 "주공이 가서 낙읍을 건설하기로 하고는 와서 점친 결과를 알리도록 하였다."고 말하고 있다.[91] 그리고 『사기』에도 성왕이 2월에 호경에서 풍으로 가서 먼저 소공으로 하여금 낙읍을 건설할 땅을 둘러보게 하고 3월에 주공을 보내어 낙읍을 건설하도록 하였다고 기록하고 있다.[92] 소공은 낙읍 건설의 기초 작업을 수행하였던 것이다. 본문의 날자는 다음 대목에 이르기까지 3월 초사흘부터 따져서 필자가 적어 넣은 것이다. 낙읍은 전국시대 이후로는 낙양(洛陽)이라 부르게 된 큰 도시이다. 하남성(河南省) 북부 낙수(洛水)에 이수(伊水)가 합쳐져 황하로 흘러들어가는 곳에 자리 잡고 있다.

「소고」 셋째 대목;

> 이튿날 을묘(12일)에는 주공이 아침에 낙 땅에 와서 새로운 도읍터를 닦은 것을 살펴보았다.
>
> 사흘이 지난 정사 날(14일), 교제(郊祭: 하늘에 지내는 제사)에 제물로 소 두 마리를 썼다. 다음날 무오(15일)에는 또 사제(社祭: 토지의 신에게 지내는 제사)를 새 도읍에서 지냈는데, 소 한 마리, 양 한 마리, 돼지 한 마리를 제물로 썼다.

---

91 『書經』 周書 「洛誥」 書序 ; "召公既相宅, 周公往營成周, 使來告卜, 作洛誥."

92 『史記』 卷33 魯周公世家; "成王七年二月乙未, 王朝步自周, 至豐, 使太保召公先之雒相土. 其三月, 周公往營成周雒邑, 卜居焉, 曰吉, 遂國之."

이레가 지난 갑자 날(21일)에는 주공이 아침에 글로 여러 은나라 제후와 후복(侯服)·전복(甸服)·남복(男服)의 제후들에게 명을 내렸다. 그가 은나라 백성들에게 명을 내리자 은나라 백성들은 곧 나와서 일하였다.

若翼日乙卯, 周公朝至于洛, 則達觀于新邑營.
越三日丁巳, 用牲于郊, 牛二. 越翼日戊午, 乃社于新邑, 牛一羊一豕一.
越七日甲子, 周公乃朝用書, 命庶殷侯甸男邦伯. 厥既命殷庶, 庶殷丕作.

앞에서 이미 얘기한 것처럼 『사기』의 노주공세가(魯周公世家)에도 성왕이 2월에 호경에서 풍으로 가서 먼저 소공으로 하여금 낙읍을 건설할 땅을 둘러보게 하고 3월에 주공을 보내어 도읍을 건설할 점도 쳐보았으나 길하여 마침내 낙읍을 건설하고 도읍으로 삼게 되었다고 기록되어 있다. 다시 『사기』 주본기(周本紀)에는 다음과 같은 기록이 있다.

"성왕은 풍에 가 있으면서 소공으로 하여금 무왕의 뜻과 같이 다시 낙읍을 건설하라고 하였다. 주공은 다시 점을 치고 잘 살펴본 다음 마침내 도읍을 건설하였다. 소중하다는 구정(九鼎)[93]을 가져다놓고 말하였다. '이곳은 천하의 중간에 해당하여 사방으로부터 공물(貢物)을 바치러 오는 길의 거리도 공평하다.' 그러고 주공은 「소고

(召誥)」와 「낙고(洛誥)」를 지었다. 성왕은 은나라 유민들을 새로운 도읍으로 옮겨놓았고, 주공은 왕의 명령으로 여러 사람들에게 고하는 「다사(多士)」와 「무일(無逸)」도 지었다."[94]

이 새로운 도읍으로 옮겨놓은 구정은 국보이기 때문에 그곳으로 옮겨놓았다고 보통 알고 있으나 사실은 외국으로부터 뇌물처럼 바쳐온 물건이라 구정을 낙읍으로 옮겨놓는 것은 옳지 못한 일이라 주장하는 사람도 있었다.[95] 그 구정은 은나라 주왕(紂王)을 거쳐 전해져 온 것이기 때문이다.[96]

그리고 새로운 도읍을 정하였으니 가장 먼저 조상에게 제사를 올려 사실을 고해야 했다. 순임금 때만 보더라도 순임금은 요임금이 그만두신 임금 자리를 종묘(宗廟)에서 물려받고 있다.[97] 그리고 임금 자리에 오른 첫째 날 종묘에 가서 격(格)이라는 양식의 제사를 올리고 있다.[98] 임금이 새로운 도읍에 가서 제사를 가장 먼저 올리는 것은 지극

---

93 『史記』 封禪書; "禹收九牧之金, 鑄九鼎." 夏나라 禹임금이 전국 州牧들에게서 금을 거두어 가지고 九州를 상징하는 아홉 개의 鼎을 만들었다는 것이다. 이 九鼎은 夏나라에서 商나라와 周나라로 이어지며 國寶로 모셔졌다. 그러나 秦始皇의 秦나라에 이르러 하나둘 消失되었다.

94 『史記』 卷4 周本紀; "成王在豐, 使召公復營洛邑, 如武王之意. 周公復卜申視, 卒營築, 居九鼎焉. 曰: "此天下之中, 四方入貢道里均." 作召誥·洛誥. 成王旣遷殷遺民, 周公以王命告, 作多士·無佚."

95 『左傳』 桓公 2年; "武王克商, 遷九鼎于雒邑, 義士猶或非之, 而況將昭違亂之賂器於大廟, 其若之何?"

96 『左傳』宣公 3年; "商紂暴虐, 鼎遷于周."

97 『書經』 虞書 「舜典」; "正月上日, 受終于文祖."

98 『書經』 虞書 「舜典」; "月正元日, 舜格于文祖."

히 당연한 일이다.

그리고 「소고」의 본문에 "주공이 아침에 글로 여러 은나라 제후와 후복(侯服)·전복(甸服)·남복(男服)의 제후들에게 명을 내렸다. 그가 은나라 백성들에게 명을 내리자 은나라 백성들은 곧 나와서 일하였다."고 하였는데, 이는 주공이 은나라 백성들을 낙읍 건설에 동원하여 이용한 것을 말하는 것이다. 『서경』 주서 「다사(多士)」의 서문에는 "낙읍이 완성된 뒤에 은나라의 완고한 백성들을 그곳으로 옮겼다. 주공이 왕명으로 알리면서 「다사」를 지었다."[99]고 말하고 있다. 여기서 말하는 "은나라의 완고한 백성들"이란 주공이 노린 은나라의 지식인들을 중심으로 하는 사람들이었음이 분명하다. 그리고 「다사」의 본문에는 이런 말이 보인다.

> "그대들 은나라의 여러 관리들에게 고하오. 지금 나는 그대들을 죽이지 않기로 하고 있으니, 나는 이러한 명령을 거듭 내리고 있소. 지금 내가 이 낙 땅에 큰 도읍을 만든 것은, 세상에는 아직도 우리에게 복종하지 않는 자들이 있다고 생각했기 때문이오. 그대들 여러 관리들은 복종하여 우리의 신하로서 부지런히 일하며, 잘 따르기 바라오."[100]

다시 「소고」에는 "그가 은나라 백성들에게 명을 내리자 은나라 백

---

99 『書經』 周書 「多士」 書序; "成周既成, 遷殷頑民, 周公以王命誥, 作多士."

100 『書經』 周書 「多士」; "告爾殷多士. 今予惟不爾殺, 予惟時命有申. 今朕作大邑于茲洛, 予惟四方罔攸賓. 亦惟爾多士攸服, 奔走臣我多遜."

성들은 곧 나와서 일하였다."는 말이 이어지고 있다. 주공이 낙읍을 건설한 것은 아직도 반감을 가지고 있는 은나라 사람들을 도성을 건설하는 공사에 동원하면서 그들의 세력을 철저히 누르는 한편, 은나라는 자기들에 비하여 학술 문화가 훨씬 발전한 나라이므로 낙읍이 완성된 뒤에는 은나라의 지식인들을 그곳으로 옮겨놓고 잘 달래어 그들의 학술 문화를 배우려는 목적도 있었다. 따라서 제후들에게 명을 내렸다는 것은 은나라의 지식인들을 각별히 동원한 것을 뜻한다. 은 민족의 문화를 배워 자기들의 것으로 만들려면 은나라 지식인들을 각별히 잘 다루며 그들로부터 배우지 않으면 안 되었을 것이다.[101] 주공의 이러한 낙읍이란 도읍 건설 목표는 완전히 성공을 거두었다.

이 도읍은 본래 낙읍이라 불렀으나 곧 성주(成周)라고도 불렀다. 『서경』 주서(周書)의 서문만을 놓고 보더라도 「소고」에서만 낙읍이라 부르고 있고 그 밑의 「낙고」·「다사」·「군진(君陳)」·「필명(畢命」에서는 모두 성주라는 용어를 쓰고 있다. 『사기』의 노주공세가(魯周公世家)에는 이런 기록이 있다.

> "3월에 주공이 가서 성주 낙읍을 건설하고 살 곳에 대하여 점을 쳐보니 길하여 마침내 그곳을 도읍으로 삼았다."[102]

---

101 『書經』 周書 「多士」序; "成周既成, 遷殷頑民, 周公以王命誥, 作多士."
『書經』 周書 「康誥」; "武王既伐管叔蔡叔, 以殷餘民, 封康叔, 作康誥·酒誥·梓材."
『史記』 卷4 周本紀; "成王既遷殷遺民, 周公以王命告, 作多士·無佚."
『史記』 卷33 魯周公世家; "收殷餘民, 移封康叔於衛, 封微子於宋, 以奉殷祀."

102 『史記』 卷33 魯周公世家; "其三月, 周公往營成周雒邑, 卜居焉, 曰吉, 遂國之."

곧 성주와 낙읍이란 말을 함께 쓰고 있는 것이다. 『서경』의 「소고」에서 주공이 "큰 고을(낙읍)을 만드시어… 임금님은 받으신 하늘의 명을 이루셨으니 백성을 다스림이 이제는 아름다워져야 합니다.(既作大邑, …王厥有成命, 治民今休.)"라는 말을 하고 있다. 이 뜻을 살려서 성주란 말 뜻을 풀이하면 "하늘의 명을 따라 이룬 주 나라의 도읍"이 된다. 성주와 대가 되는 말로 종주(宗周)란 말도 쓰였는데 일반적으로 호경(鎬京)을 가리키는 말이었다. 호경은 본래의 주나라 도읍이라는 뜻에서 종주라 불렀고, 낙읍은 뒤에 다시 천하를 다스리기 위하여 하늘의 뜻을 따라 건설한 도읍이라는 뜻에서 성주라 불렀다고 보면 될 것이다. 다만 예외의 경우이지만 풍(豐)도 종주라고 부른 경우가 있음에는 유의해야 한다. 『서경』 주서의 「주관(周官)」의 경우를 보면 그 서문에 "풍으로 돌아와서 「주관」을 지었다."고 하였는데 본문에는 "종주로 돌아와서 나라를 다스리는 관리들을 바로잡았다."고 말하고 있다.[103] 풍은 문왕의 도읍지였기 때문에 문왕을 존중하는 뜻에서 종주라고 불렀을 것이다.

일단 낙읍이 이루어지자 그 도읍을 성주라고도 부르며 나라의 도읍으로 무척 존중된다. 『일주서(逸周書)』에는 낙읍의 크기를 세워놓은 "성이 1720평방장(丈)이고, 부곽(郛郭)이 70평방리(里)"라고 하였다.[104] 정확한 크기라고 하기는 어렵겠지만 옛날에는 10척(尺)을 1장이라 하였으니 성의 크기가 어느 정도인지 가늠해 볼 수 있겠다.

---

103 『書經』 周書 「周官」 序; "成王既黜殷命, 滅淮夷, 還歸在豐, 作周官."
'本文' "歸于宗周, 董正治官."

104 『逸周書』 作雒; "及將致政, 乃作大邑成周于土中, 立城方千七百二十丈, 郛方七十里."

주공은 천하를 다스릴 도읍으로 삼기 위하여 새로운 도읍으로 낙읍을 건설했던 것이다. 이 때문에 주나라에서는 낙읍이 건설된 뒤 종주 못지않게 성주를 중요한 도읍으로 받들었다. 이후 주나라는 견융(犬戎)의 침공으로 유왕(幽王)이 죽자(B.C. 771) 태자 의구(宜臼)가 호경을 버리고 낙양으로 도읍을 옮겨가 동주(東周, B.C. 770-B.C. 250)라고 부르며 나라를 지탱하는데 그가 평왕(平王)이다. 다시 서한(西漢) 말에는 왕망(王莽)이란 자가 나와 황제 유자영(孺子嬰)을 밀어내고(A.D. 9) 스스로 황제가 되어 나라 이름을 신(新, 9-23)이라 칭한다. 그러나 서기 23년 한나라 왕실인 유씨 집안사람들이 일어나 왕망을 죽음으로 몰아넣는다. 그리고 나라의 대권(大權)은 유수(劉秀)가 잡고 낙양으로 들어가 동한(東漢, 25-220)을 세우고 광무제(光武帝, 25-57 재위)가 된다. 그러니 낙양은 이후 동주와 동한이라는 대제국의 도읍으로 오랜 기간 군림하게 되는 것이다. 동한 이후에도 위(魏, 220-265)나라와 서진(西晉, 265-317) 및 북위(北魏, 386-534) 등이 낙양을 도읍으로 삼았었다. 여하튼 낙읍이란 도성의 건설은 주공의 위대한 업적 중의 하나이다.

여하튼 주나라 사람들은 새로운 도읍 낙읍을 상당히 소중히 여겼던 것 같다. 『시경』 소아(小雅)에는 황제가 다스리는 도읍 낙읍을 읊은 「첨피낙의(瞻彼洛矣)」라는 시가 있다. 그 시를 읽어보자.

「첨피낙의(瞻彼洛矣)」

낙수를 바라보니, 강물이 넘실거리고 있네.
임금님 오셔서 머무시니, 복과 녹이 지붕처럼 쌓이네.

붉은 가죽 군복 입고, 전군을 움직이시네.

瞻彼洛矣, 維水泱泱.
君子至止, 福祿如茨.
韎韐有奭, 以作六師.

낙수를 바라보니, 강물이 넘실거리고 있네.
임금님 오셔서 머무시는데, 칼집 위아래 장식 아름답네.
임금님은 만년토록, 집안을 보전하시겠네.

瞻彼洛矣, 維水泱泱.
君子至止, 鞞琫有珌.
君子萬年, 保其家室.

낙수를 바라보니, 강물 넘실거리고 있네.
임금님 오셔서 머무시니, 복과 녹이 다 모여드네.
임금님은 만년토록, 나라를 보전하시겠네.

瞻彼洛矣, 維水泱泱.
君子至止, 福祿旣同.
君子萬年, 保其家邦.

시인이 낙수 가의 새로 건설한 도읍 낙읍을 바라보며 임금님이 나라를 더욱 잘 다스려주기를 바라는 심정을 노래한 시이다.

주공은 이처럼 나라를 다스릴 새로운 위대한 도성인 낙읍도 건설하였다. 이 낙읍은 주나라 이후에도 여러 제국을 다스리는 도읍으로 크게 공헌하게 된다.

제4장

주공 단과 경전

주나라 이전의 상나라는 보통 한자를 사용했다고 말하고 있지만 실은 그것은 점칠 적에 쓰던 갑골문자(甲骨文字)였다. 주공에 의하여 점칠 적에 신과 뜻을 통하기 위하여 쓰던 갑골문자가 사람들이 일반 사회에서 여러 가지로 쓰는 한자로 개량되는 것이다. 그리고 주공이 갑골문자를 한자로 발전시킨 뒤 이루어 놓은 두드러진 공적의 하나는 이전부터 전해오던 여러 가지 중국의 경전을 한자로 정리하였다는 것이다. 뒤에 중국의 학술이 크게 발전하고 공자(B.C. 551-B.C. 479) 같은 여러 학자들이 나와 학문을 연구할 수 있었던 것도 모두 주공 덕분이다. 주나라 이전에 옛날부터 전해 내려오고 있던 경전들은 지금 우리가 보는 것처럼 한자로 이루어진 책이 아니었다. 아마도 이것들은 완전한 책의 형식도 이루지 못하고 있던 자료들이었다. 주공이 이 경전들을 한자로 정리하여 책으로 잘 엮어놓은 덕분에 이들 경전이 후세에 전해질 수 있게 된 것이다. 여하튼 주공이 이들 경전을 잘 정리하여 놓은 덕분에 이 책들이 학문의 기본 바탕이 되어 중국의 학문은 일찍부터 크게 발전할 수 있었다고 할 수 있다.

경전이란 삼경(三經)이라고 부르는 『시경(詩經)』·『서경(書經)』·『역경(易經)』과 삼례(三禮)라고 부르는 『예기(禮記)』·『주례(周禮)』·『의례(儀禮)』 등을 말한다. 물론 이들 경전은 모두 주공 이후에 이루어진 책이지만 그 바탕은 모두 주공이 마련하였기 때문에 주공과의 관계가 매우 깊다. 이 장에서는 지금 우리에게 전해지고 있는 이들 경전을 중심으로 중국 고대의 경전들이 주공과 얼마나 밀접한 관계가 있는가, 또 이들 경전의 형성에 주공의 노력이 얼마나 기울여졌는가에 대해 살펴보고자 한다.

1. 주공과 『시경』

『시경』은 중국에서 가장 오래된 시가집이다. 이 책에 실린 304편의 시는 대부분이 주나라 초기부터 춘추(春秋)시대 중엽에 이르는 시기(B.C. 10세기-B.C. 4세기)에 수집된 것이다. 『시경』이란 경전은 주공이 가장 먼저 정리하여 놓은 것이다. 물론 여기에는 후세 학자들의 손도 많이 보태어져 지금 우리가 읽는 시집으로 발전하였다. 『시경』의 시들은 풍(風)·소아(小雅)·대아(大雅)·송(頌)의 네 부분으로 크게 나누어져 있다. 앞머리의 '풍' 속에는 열다섯 나라의 민요 160편이 실려 있다. 따라서 풍은 흔히 국풍(國風)이라고도 부른다. 이들 민요는 그 당시 여러 지역의 여러 백성들의 생활과 생각 및 감정 등을 반영하고 있어 문학뿐만 아니라 그 시대의 정치·경제·사회·문화와 관련된 중국 고대사를 연구하는 데 있어서도 매우 중요한 기본적인 자료가 된다.

가장 오래된 『시경』 해설서로 한나라 초기에 나온 『모전(毛傳)』이라고 간략하게 부르는 『모시고훈전(毛詩故訓傳)』[1]이 있는데 우리에게는 정현(鄭玄, 127-200)이 전(箋)을 쓰고 공영달(孔穎達, 574-648)이 소(疏)를 쓴 『모시정의(毛詩正義)』가 널리 전해지고 있다. 이 『모전』에서는 특별히 '풍'의 첫머리에 보이는 주남(周南) 11편은 주공의 채읍(采邑)이었던 기산(岐山) 아래의 옛날 주나라 땅에서 수집한 노래의 가사여서 모두가 주공과 관련이 있는 시라고 보고 있다. 다시 그 가운데에 보이는 빈풍(豳風) 7편은 모두가 주공의 동쪽 정벌과 관련이 있는 시라고 해설하고 있다. 앞에서 그중 주공의 동쪽 지방 정벌과 관련이 있는 시 「동산(東山)」과 「파부(破斧)」는 이미 인용하였다. 여기에서는 그중에서도 독특한 성격의 시 「칠월(七月)」을 인용해 보고자 한다.

「칠월(七月)」

칠월엔 화성이 서쪽으로 내려오고, 구월엔 겹옷을 준비하네.
동짓달엔 찬바람 일고, 섣달엔 추위 매서워진다네.
옷이 없고 갈옷이 없다면, 어떻게 이 해를 넘길 건가?
일월엔 쟁기 손질하고, 이월엔 밭을 간다네.

---

1 班固 『漢書』 藝文志 所載.

아내가 자식들과 함께, 남향 밭으로 밥을 날라 오면, 권농관(勸農官)은 매우 기뻐하네.

七月流火, 九月授衣.
一之日觱發, 二之日栗烈.
無衣無褐, 何以卒歲?
三之日于耜, 四之日擧趾.
同我婦子, 饁彼南畝, 田畯至喜.

칠월엔 화성이 서쪽으로 내려오고, 구월엔 겹옷을 준비하네.
봄날 햇살 따스해지면, 꾀꼬리 울기 시작한다네.
여인네들은 움푹한 대광주리 들고, 오솔길 따라, 부드러운 뽕잎 따러 가네.
봄날은 길어져, 쑥 수북이 캐게 되네.
여인네 마음 서글퍼지니, 공자님 따라 시집가고 싶어서네.

七月流火, 九月授衣.
春日載陽, 有鳴倉庚.
女執懿筐, 遵彼微行, 爰求柔桑.
春日遲遲, 采蘩祁祁.
女心傷悲, 殆及公子同歸.

칠월엔 화성이 서쪽으로 내려오고, 팔월엔 갈대를 베네.

누에 치는 삼월 되면 뽕 따는데, 도끼와 자귀를 가져다,
멀리 위로 뻗은 가지는 자르고, 부드러운 가지는 휘어잡고 뽕잎을 따네.
칠월엔 왜가리가 울고, 팔월엔 길쌈을 한다네.
검은 천 누런 천 짜서 제일 고운 붉은 천으론, 공자님 바지 지어 드리네.

七月流火, 八月萑葦.
蠶月條桑, 取彼斧斨,
以伐遠揚, 猗彼女桑.
七月鳴鵙, 八月載績.
載玄載黃, 我朱孔陽, 爲公子裳.

사월엔 아기 풀 이삭이 패고, 오월엔 매미가 우네.
팔월엔 이른 곡식 수확하고, 시월엔 낙엽이 지네.
동짓달엔 짐승 사냥 하는데, 여우와 살쾡이 잡아, 공자님 갖옷 지어 드리네.
섣달엔 모두 사냥을 나가, 무술도 함께 연마한다네.
작은 짐승은 개인이 갖고, 큰 짐승은 임금에게 바치네.

四月秀葽, 五月鳴蜩.
八月其穫, 十月隕蘀.
一之日于貉, 取彼狐狸, 爲公子裘.

二之日其同, 載纘武功.

言私其豵, 獻豣于公.

오월엔 여치가 울고, 유월엔 베짱이가 운다네.

귀뚜라미는 칠월엔 들에, 팔월엔 처마 밑에,

구월엔 문 앞에 있다가, 시월엔 귀뚜라미가, 침상 밑으로 들어오네.

집안의 구멍 막고 불로 그슬려 쥐를 쫓으며, 북향 창 막고 문을 진흙으로 바르네.

아아, 처자들이여! 해가 바뀌려 하고 있으니, 방으로 들어와 편히 쉬기를!

五月斯螽動股, 六月莎鷄振羽.

七月在野, 八月在宇,

九月在戶, 十月蟋蟀, 入我牀下.

穹窒熏鼠, 塞向墐戶.

嗟我婦子, 曰爲改歲, 入此室處!

유월엔 돌배와 머루 따먹고, 칠월엔 나물과 콩 삶아 먹는다네.

팔월엔 대추 떨고, 시월엔 벼 수확하고,

봄 술 담아, 잔 올리며 노인들 장수 비네.

칠월엔 참외 따먹고, 팔월엔 박을 따고,

구월엔 참깨 털고, 씀바귀 캐고 가죽나무 베어, 농부들 먹이네.

六月食鬱及薁, 七月亨葵及菽.

八月剝棗, 十月穫稻,

爲此春酒, 以介眉壽.

七月食瓜, 八月斷壺,

九月叔苴, 采荼薪樗, 食我農夫.

구월엔 채소밭에 마당 만들고, 시월엔 곡식 거두어들이는데,
메기장 차기장과 늦 곡식 이른 곡식, 벼 삼 콩 보리라네.
아아 농부들이여! 우리 곡식 다 모아들였으니, 고을로 들어가 관청 손질하세.
낮에는 띠 풀 베어오고, 밤에는 새끼 꼬아,
빨리 지붕 이어야지, 내년이면 여러 곡식 씨 뿌려야 한다네.

九月築場圃, 十月納禾稼,

黍稷重穋, 禾麻菽麥.

嗟我農夫! 我稼旣同, 上入執宮功.

晝爾于茅, 宵爾索綯,

亟其乘屋, 其始播百穀.

선달엔 쿵쿵 얼음 깨서, 일월엔 그것을 얼음 창고에 넣네.
이월엔 이른 아침에, 염소와 부추로 제사 지내고 얼음 창고 문 여네.
구월엔 된서리 내리고, 시월엔 타작마당 치운다네.
두어 통 술로 잔치 벌이고, 염소 잡아 안주 마련하네.

그리고는 임금님 처소로 올라가, 술잔 들어 만수무강을 비네.

二之日鑿氷沖沖, 三之日納于凌陰.
四之日其蚤, 獻羔祭韭.
九月肅霜, 十月滌場.
朋酒斯饗, 曰殺羔羊.
躋彼公堂, 稱彼兕觥, 萬壽無疆.

이미 앞에서 논술한 것처럼 주나라 민족은 본래 지금의 섬서성(陜西省) 순읍(栒邑) 지역인 빈(豳)이라는 고장에 살던 미개한 민족이었다. 뒤에 태왕(太王)이라고 불리게 된 고공단보(古公亶父)라는 임금이 나와 다른 오랑캐들과의 싸움을 피하여 기산(岐山) 아래 부풍(扶風) 근처로 옮겨와 처음으로 집을 짓고 사람답게 살기 시작하였다. 그리고 새로운 나라의 여러 가지 제도를 마련하여 주나라의 문화를 발전시키기 시작하였다. 태왕의 아들이 은나라에 의하여 주후(周侯)로 봉해져 공식적으로 주나라가 출범하였고, 그의 아들 문왕(文王) 창(昌)은 법도를 받들고 덕을 닦아 새로운 주나라의 세력을 크게 발전시켰다. 은나라를 멸하고 주나라를 크게 일으킨 무왕(武王) 발(發)과 주공 단은 그의 아들이다. 이 시는 주공이 동쪽 지역의 반란을 정벌한 뒤에 주나라가 안정되고 발전하여 농민들은 제대로 농사를 지으며 잘살 수 있게 되었던 실상을 읊고 있다. 곧 주나라 농민들이 옛 빈 땅의 가락을 그대로 써서 잘살게 된 자기네 농촌을 노래하면서 주공의 덕을 칭송한 시이다. 끝 대목 "술잔 들어 만수무강을 비네."라고 노래한 것은 바로 주공이 만수무강하기를 빈 것이다.

『시경』에는 주공이 직접 지었다고 생각되는 시도 여러 편 있다. '빈풍'의 시 「치효(鴟鴞)」는 『서경』 금등(金縢)편과 『모전』의 「모시서(毛詩序)」 등에서 모두 주공의 작품이라 하고 있다. 그 밖에 '대아'의 「문왕(文王)」[2]·주송(周頌)의 「청묘(淸廟)」[3]·「시매(時邁)」[4]·「사문(思文)」[5]·「무(武)」[6]·「작(酌)」[7] 등도 주공이 지었을 가능성이 높다. 「무」와 「작」 시가 주공이 지은 것이라면 대무(大武)를 춤출 적에 노래하던 「뢰(賚)」·「반(般)」·「환(桓)」 같은 편들도 주공의 작품일 가능성이 매우 짙다. 『모전』의 공소(孔疏)에서는 『국어(國語)』 주어(周語)에 보이는 기록을 근거로 하여 소아(小雅) 「상체(常棣)」 시도 역시 주공이 지은 것이라 말하고 있다. 대아의 시 「문왕」을 아래에 인용한다.

「문왕」

문왕께선 하늘 위에 계시는데,
아아, 하늘에 뚜렷하시네.

---

2 『呂氏春秋』 古樂篇; "周公乃作詩曰; 文王在上, 於昭于天. 周雖舊邦, 其命維新. 以繩文王之德."

3 毛詩序·『漢書』 楚元王傳劉向之封事 등 의거. 「維天之命」·「維淸」도 周公의 작품일 거라고 주장하는 학자들이 있다.

4 『國語』 周語上, 『左傳』 宣公十二年 등의 기록 의거.

5 『毛詩』 孔疏에서는 『國語』의 글을 인용하고 나서 "此篇周公所自歌, 如 「時邁」 同也."라고 말하고 있다.

6 『莊子』 天下篇, 『國語』 周語上 등 의거.

7 『漢書』 禮樂志, 『毛詩』 孔疏 등 의거.

주나라는 오래된 나라라 하지만,
그들에게 내려진 하늘의 명은 새롭기만 하네.
주나라 임금은 매우 밝게 나라 다스리시니
하늘의 명이 매우 적절히 내려지셨네.
문왕께선 하늘땅을 오르내리며,
하나님 곁을 떠나지 않으시네.

文王在上, 於昭于天.
周雖舊邦, 其命維新.
有周不顯, 帝命不時.
文王陟降, 在帝左右.

부지런히 애쓰신 문왕에 대한
아름다운 기림 끊이지 않네.
주나라에 많은 복 내려주시어,
문왕 자손들이 누리시네.
문왕 자손들은
백세토록 집안이 번성하리라.
모든 주나라의 신하들도
대대로 매우 현명하네.

亹亹文王, 令聞不已.
陳錫哉周, 侯文王孫子.

文王孫子, 本支百世.

凡周之士, 不顯亦世.

대대로 매우 현명하니,

그들의 계획은 신중하고 충성되네.

훌륭한 많은 신하들이

이 왕국에서 생겨나네.

그들이 왕국에서 생겨남은,

주나라의 기둥 되기 위해서네.

많은 신하들 있으니,

문왕께서는 편히 지내시네.

世之不顯, 厥猶翼翼.

思皇多士, 生此王國.

王國克生, 維周之楨.

濟濟多士, 文王以寧.

덕이 많은 문왕께서는

아아! 끊임없이 공경하셨네.

위대한 하늘의 명은

상나라 자손들에게 있었네.

상나라 자손들은

그 수 헤아릴 수 없었건만,

하나님이 명을 새로 내리시어,
주나라에 그들이 복종케 되었네.

穆穆文王, 於緝熙敬止.
假哉天命, 有商孫子.
商之孫子, 其麗不億,
上帝旣命, 侯于周服.

주나라에 복종케 되었으니,
하늘의 명은 일정하기만 한 것은 아닐세.
은나라 관원들은 점잖고 민첩하게 움직이며,
주나라 도성에서 신을 불러 모시는 술 따라 올렸네.
그들이 신을 불러 모시는 술 올릴 때엔
언제나 보 무늬 바지에 은관을 썼네.
우리 임금님의 충성스러운 신하 되었으니,
그대들 조상은 생각 말기를!

侯服于周, 天命靡常.
殷士膚敏, 祼將于京.
厥作祼將, 常服黼冔.
王之藎臣, 無念爾祖.

그대들 할아버지 생각하지 않는가?

그분들 같은 덕을 닦아야 하네.
오래도록 하늘의 명을 지켜
스스로 많은 복을 누렸네.
은나라가 민심을 잃지 않았을 적에는
하나님 뜻을 따를 줄 알았다네.
마땅히 은나라를 거울삼을지니,
위대한 명은 지키기 쉽지 않다네!

無念爾祖? 聿脩厥德.
永言配命, 自求多福.
殷之未喪師, 克配上帝.
宜鑑于殷, 駿命不易.

하늘의 명은 지키기 쉽지 않으니,
그대들 대에서 끊이지 않도록 해야 하네!
훌륭한 명성 밝게 빛나게 하고,
은나라처럼 하늘의 명 잃지 않도록 걱정해야 하네.
하나님의 일은
소리도 없고 냄새도 없다네.
문왕을 본받으면
온 세상이 믿고 따르게 되리라.

命之不易, 無遏爾躬.

宣昭義問, 有虞殷自天.

上天之載, 無聲無臭.

儀刑文王, 萬邦作孚.

『모전』에서는 주남 전체의 시를 "후비(后妃)의 덕을 읊은 시"라고 해설하고 있는데, 여기의 후비는 문왕(文王)의 부인이며 주공의 어머니인 태사(太姒)를 가리킨다. 그 밖에도 『시경』에는 문왕의 덕을 칭송한 작품이 특별히 많다. 대아의 「문왕(文王)」·「대명(大明)」·「면(緜)」·「역복(棫樸)」·「사제(思齊)」·「황의(皇矣)」·「영대(靈臺)」·「문왕유성(文王有聲)」, 주송(周頌)의 「청묘(淸廟)」·「유천지명(維天之命)」·「유청(維淸)」·「아장(我將)」 등 무척 많다. 반대로 진짜 주나라를 세운 임금인 무왕(武王)의 덕을 읊은 시는 발견하기 힘들다. 『시경』에서는 심지어 성왕(成王)보다도 무왕에 대한 관심이 더 적은 것같이 느껴진다.

또 『시경』에는 문왕 때 이미 주나라가 하늘의 명 곧 천명(天命)을 받았다고 힘주어 노래하고 있다. 그 예를 몇 구절 들어본다.

문왕께선 하늘 위에 계시는데

아아, 하늘에 뚜렷하시네. …

주나라 임금 매우 밝게 나라 다스리시니

하늘의 명이 제때에 내려진 것이네.

文王在上, 於昭于天. …

有周不顯, 帝命不時. -大雅「文王」

하늘로부터 명이 내려졌으니,
이 문왕에게 명하시어
주나라에 도읍 마련하고 다스리도록 하셨네.

有命自天, 命此文王,
于周于京. -大雅「大明」

하늘이 문왕에게 이르셨네. …
하늘의 법도를 따르라!

帝謂文王, … 順帝之則. -大雅「皇矣」

문왕께서 하늘의 명을 받으시어
무공을 세우셨네.

文王受命, 有此武功. -大雅「文王有聲」

하늘의 명은
아름답기 그지없네.
아아, 밝기도 해라,
문왕의 덕의 순수함이여!

維天之命, 於穆不已.

於乎不顯, 文王之德之純. -周頌「維天之命」

그래서 후세 사람들은 문왕은 천하를 다스리라는 하늘의 명을 받았으나 바로 뒤에 죽었기 때문에 아들 무왕이 하늘의 명을 받들어 은나라를 쳐부수게 되었다고 말하고 있다. 하늘이 전지전능하시다는 것을 생각할 때 약간 이상하다고 할 수 있는 주장이다. 그리고 문왕은 풍(豐)이라는 고을을 중심으로 하여 작은 주 나라를 다스린 임금이다. 그 고장에서 문왕이 아무리 덕행을 쌓았다 하더라도 그의 덕이 온 천하를 바꾸어 놓게 하였다는 것은 역시 지나친 주장이라 보아야 할 것이다. 어떻든 이러한 얘기가 만들어진 것은 주나라의 첫째 임금인 형 무왕보다도 아버지 문왕을 특히 높이 내세우려고 한 아들 주공의 주장이라고 보는 수밖에 없을 것이다.

옛날부터 성인(聖人)을 얘기할 적에는 덕으로 세상을 평화롭게 다스린 전설적인 임금 요(堯)임금과 순(舜)임금에 뒤이어 하(夏)나라를 세운 우(禹)임금과 상(商)나라를 세운 탕(湯)임금 및 주나라의 문왕과 무왕을 들었다. 그런데 이들 성인 가운데 주나라 문왕만이 한 왕조를 창건한 사람이 아니다. 그는 주나라의 창건자인 무왕의 아버지이다. 문왕은 주공의 아버지이기도 하다. 이처럼 주나라의 성인으로 무왕 위에 문왕을 덧붙여 문무(文武)라 말하게 된 것은 주공이 그렇게 만들어 놓은 것이라 보는 수밖에 없다. 『시경』에는 아(雅)나 송(頌)에도 무왕만을 칭송한 시는 한 편도 없다. 어디에서나 문왕이 천명을 받은 것을 읊으면서 그 뒤에 무왕은 이름 정도나 보일 뿐이다. 주송(周頌) 민여소자지습(閔予小子之什)의 「환(桓)」은 무왕을 칭송한 시이나 역시 천명을 바탕으로 노래하고 있으니, 문왕의 뒤에 무왕을 붙여놓은 것이나 크게 다를 것이 없다. 예외로 청묘지습(淸廟之什)의 「집경(執競)」은 무왕과 그를 뒤이은 성왕(成王)·강왕(康王)의 세 임금을 제사 지내는 시라서 무왕의 공로만을 앞머리에 칭송하고 있다.

『효경』에도 이런 대목이 보인다.

> "아버지를 높이 모시는 데 있어서는 하늘에 짝지어드리는 것보다 더 위대한 일이 없는데, 주공이 바로 그러한 일을 하신 분이다. … 문왕을 명당(明堂)에 모시어 제사 지내드림으로써 하나님과 짝이 되게 하셨다. … 성인의 덕에 있어서 또 무엇이 효도보다 더하겠느냐?"[8]

주공은 아버지 문왕에 대한 효도를 극진히 다하면서 힘써 문왕의 덕을 높이고 문왕이 주나라가 누린 하늘의 명을 받은 분이라고 칭송한 것이다. 무왕은 주공의 형이지만 은나라를 칠 적에는 주공이 크게 도와주었고 그 뒤로 천하를 다스린 공로도 주공이 훨씬 더 많으며 덕에 있어서도 주공보다 별로 뛰어난 것이 없다. 그러므로 『시경』에는 주공의 영향으로 무왕과 관련된 시가 많지 않고, 또 주나라의 성인을 얘기할 적에도 자기 아버지를 임금인 무왕 위에 올려놓고 '문무'라 말하게 되었다고 보는 것이다.

---

8 嚴父莫大於配天, 則周公其人也. … 宗祀文王於明堂, 以配上帝. …夫聖人之德, 又何以加於孝乎?

송 중에는 노송(魯頌)이 네 편 있는데 주공의 아들 백금(伯禽)이 봉해진 노나라에서 조상들을 제사 지낼 적에 부르던 노래들이다. 송은 본래 천자가 종묘(宗廟)에서 조상들을 제사 지낼 적에 부르던 노래이다. 『시경』에 노송이 함께하게 된 것도 주공의 영향이다. 앞의 세 편은 누구를 제사 지내면서 부른 노래인지 알 수가 없지만 끝부분 시 「비궁(閟宮)」은 분명히 주공을 중심으로 하여 그들의 조상을 제사 지내면서 부른 노래이다. 시에 후직(后稷)·태왕(大王)·문왕·무왕·주공 등의 이름이 보인다. 노송은 종묘에서 제사 지낼 적에 부르던 주송(周頌)·상송(商頌)과는 달리 시의 풍격이 풍(風)과 아(雅)에 가까운 모습을 띠고 있다. 노나라를 천자의 나라와 동격으로 올려놓기 위하여 『시경』의 편자가 무리하게 노송을 송 속에 넣어 놓은 것이기 때문이다.

주공은 직접 『시경』 속의 많은 시를 짓기도 하였지만 『시경』이라는 경전 자체에 주공의 영향이 무척 크다는 것을 알게 한다. 물론 후세 사람들의 손이 무척 많이 보태졌겠지만 심지어 『시경』이 이루어지고 후세까지 잘 전해지게 된 것도 모두 주공의 공로라고 볼 수 있다.

2. 주공과 『서경』

『서경』은 전체적으로 요(堯)·순(舜)과 하(夏)·상(商)·주(周) 세 왕조 삼대(三代) 사관(史官)들의 기록으로 이루어져 있다. 따라서 임금을 중심으로 본다면 요·순·우(禹)·탕(湯)·문무(文武)가 되어야 한다. 그런데 『서경』 주서(周書)를 보면 각 편의 기록 내용이 문왕·무왕이 아니라 주공이 주인공으로 되어 있다. 그리고 대부분의 학자들이 『서경』 주서 중에서도 「대고(大誥)」·「강고(康誥)」·「주고(酒誥)」·「자재(梓材)」·「소고(召誥)」·「낙고(洛誥)」·「다사(多士)」·「무일(無逸)」·「군석(君奭)」·「다방(多方)」·「입정(立政)」·「고명(顧命)」의 12편이 가장 오래된 서주(西周) 초기에 이루어진 글이라 보고 있다. 따라서 그 나머지 상서(商書)를 비롯한 그 이전 시대의 기록이라는 것은 모두가 반대로 서주 이후에 이루어진 것들이라는 것이다. 그리고 이 주서의 12편과 「금등(金滕)」편은 모두가 금문(今文)[9]에 속하는 것이다. 그리고 주서의 12편은 또 주공이 쓴 그와 직접 관계가 있는 기록이어서 서주 초기의 역사 자료 가치로서도 매우 귀중한 것들이다.

이 12편의 내용을 살펴보면 「대고(大誥)」는 주공이 반란을 일으킨 동쪽 은나라 지역의 무경(武庚)과 관숙(管叔)·채숙(蔡叔)을 정벌하기 전에 그들을 쳐야만 할 대의(大義)를 만천하에 밝히고 있는 글이다. 「대고」의 서서(書序)를 보면 이렇게 말하고 있다.

> "무왕이 죽자 삼감(三監)과 회이(淮夷)족이 반란을 일으켰다. 주공은 성왕을 도와 은나라 세력을 물리치려고 하면서 「대고」를 지었다."[10]

---

9 漢대의 經學에는 今文과 古文의 두 가지가 있었다. 본래 今文이란 漢대에 일반적으로 쓰이던 隷書로 쓴 經書를 말하고, 古文은 秦나라 이전에 쓰던 옛날 글씨체로 쓴 經書를 뜻하였다. 그러나 이 今文과 古文은 글자뿐만 아니라 經文 자체에도 서로 다른 것이 많아지고 그 解釋에도 차이가 생겨나 學者들이 今文派와 古文派로 갈라지게 되었다. 지금 우리에게는 58편의 『書經』이 전해지고 있으나 그 중 古文이라고 알려진 25편은 後人이 가짜로 만든 것이고 今文으로 알려진 것들만이 진짜이다.

10 『書經』 周書 「大誥」; "武王崩, 三監及淮夷叛. 周公相成王, 將黜殷, 作大誥."

여기의 삼감은 다른 의견들도 있지만 무경·관숙·채숙의 세 사람을 가리킨다고 본다. 또 『사기』에도 이렇게 말하고 있다.

> "관숙(管叔)과 채숙(蔡叔)이 무경(武庚) 등과 회이족까지 거느리고 반란을 일으켰다. 주공은 이에 성왕의 명을 받들어 군사를 일으켜 동쪽 지역을 정벌하려고 하면서 「대고」를 지었다."[11]

곧 「대고」는 주공이 동쪽에서 반란을 일으킨 자들을 정벌하러 가려고 하면서 자신이 정벌을 하러 가게 된 대의를 만천하에 밝힌 글이다. 앞의 '제3장 주공 단의 공적' 중 '동쪽 정벌(東征)을 하고 은나라 문화를 근거로 새로운 주나라 문화를 건설하다'를 참고하기 바란다.

「강고」는 주공이 동쪽 지방을 정벌한 뒤에 그의 아우 강숙(康叔)을 위(衛)나라에 봉하면서 훈계한 것이다. 「주고」와 「자재」는 주공이 임금의 명을 받들어 강숙에게 훈계한 내용이니, 대략 「강고」와 비슷한 시기에 지어졌을 것이다. 『서경』 「강고」의 서서에는 이렇게 말하고 있다.

> "성왕은 관숙과 채숙을 정벌하고 나서 은나라의 남은 백성들을 강숙에게 봉해주면서 「강고」와 「주고」 및 「자재」를 지었다."[12]

---

11 『史記』 卷33 魯周公世家; "管·蔡·武庚等果率淮夷而反. 周公乃奉成王命, 興師東伐, 作大誥."

12 『書經』 周書 「康誥」; "成王既伐管叔蔡叔, 以殷餘民, 封康叔, 作康誥·酒誥·梓材."

이들 서서에는 모두 앞머리에 성왕을 내세우고 있지만 실은 모두 주공에 의하여 시행된 것이다. 『사기』에서는 「대고」를 지은 연유를 설명하고 난 뒤 이어서 이렇게 말하고 있다.

> "예전에 관숙, 채숙이 주나라를 배반하여 주공이 그들을 정벌한지 3년이 지나자 완전히 안정되었으므로 그 다음에 「미자지명」을 짓고 다시 「귀화」와 「가화」라는 글을 지은 다음 「강고」와 「주고」 및 「자재」를 지었는데, 그 일은 주공에 관한 글 속에 기록되어 있다."[13]

다만 여기에서 말하고 있는 「귀화」와 「가화」라는 글은 지금은 없어져 버려 『서경』 주서에도 실려 있지 않다. 「주고」는 강숙을 위나라에 봉하면서 은나라 백성들은 주(紂)임금의 영향으로 술을 매우 좋아하고 있으니 술 마시는 일에 대하여는 각별히 조심할 것을 훈계한 글이다. 그리고 「자재」의 자는 가래나무로 가래나무는 나무 재목들 중에서도 가장 값진 것이다. 이 값진 가래나무 재목인 자재는 나라를 다스리는 법의 귀중함에 비유한 것이다. 곧 강숙에게 나라의 법도를 귀중하게 여기고 잘 지키면서 나라를 다스려야 함을 훈계한 것이다. 이 「주고」와 「자재」는 주공이 강숙을 위나라에 봉하면서 한 훈계이므로 「강고」의 일부라고도 볼 수 있을 만한 성격의 것이다.

「소고」는 성왕이 낙읍(洛邑)을 건설하기 위하여 먼저 소공(召公) 석(奭)

13 『史記』 卷4 周本紀; "初, 管·蔡畔周, 周公討之, 三年而畢定, 故初作大誥, 次作微子之命, 次歸禾, 次嘉禾, 次康誥·酒誥·梓材, 其事在周公之篇."

을 보내어 그곳의 지리적인 여러 가지 조건을 살피도록 하였는데, 뒤에 소공이 직접 살핀 결과를 주공을 통하여 성왕에게 아뢴 내용이다. 『서경』 「소고」의 서서에는 이렇게 말하고 있다.

> "성왕이 풍에 가 있으면서 낙읍을 건설하고자 하여 소공으로 하여금 먼저 건설할 곳을 살피게 하면서 「소고」를 지었다."[14]

『사기』에는 다음과 같은 기록이 있다.

> "성왕이 풍에 가 있으면서 소공으로 하여금 다시 무왕의 뜻과 같이 낙읍의 건설을 계획토록 하였다. 주공이 다시 점을 쳐서 잘 살펴보고는 마침내 건설하고는 구정(九鼎)을 갖다 놓았다. 그리고 말하기를 '이곳은 천하의 중간이라 사방으로부터 공물(貢物)을 갖고 오기에 오는 길이 모두 공평하다.'고 하면서 「소고」와 「낙고」를 지었다."[15]

'구정'은 나라의 보물이라 여겨져서 이전 왕조로부터 귀하게 보존해오던 아홉 개의 보물이다. 그리고 『사기』에는 「낙고」를 지었다는 말까지 하고 있지만, 「소고」는 주공이 소공을 먼저 낙읍을 건설할 고장에 가서 지형이나 여러 가지 조건을 살펴보라고 파견할 때 지은 글이고, 「낙고」는 낙읍이 완공된 다음에 주공이 지은 것이다. 곧 「낙고」는

---

14 『書經』 周書 「召誥」; "成王在豐, 欲宅洛邑, 使召公先相宅, 作召誥."

15 『史記』 卷4 周本紀; "成王在豐, 使召公復營洛邑, 如武王之意. 周公復卜申視, 卒營築, 居九鼎焉. 曰; '此天下之中, 四方入貢道里均.' 作召誥·洛誥."

낙읍의 건설을 완성한 다음 주공이 낙읍을 창건한 시대적인 중요성을 널리 세상에 공포한 내용이다. 다음에 인용할 『서경』 「낙고」의 서서를 읽어보면 분명히 알게 될 일이다. 『서경』 「낙고」의 서서는 이러하다.

> "소공이 도읍할 고장을 살펴본 뒤에 주공이 가서 낙읍을 건설하고 와서 점친 결과를 보고하도록 하였다. 이때 「낙고」가 지어졌다."[16]

여기에서 낙읍을 성주(成周)라 부르고 있는 점에도 주의해야 할 것이다.

「다사」는 낙읍의 건설을 마친 뒤 주공이 여러 은나라 백성들을 권하여 낙읍으로 옮겨와 살도록 하고는 임금의 명을 빌려 주나라에 잘 따라주도록 그들의 지도자들을 달랜 글이다. 『서경』 「다사」의 서서에서는 이렇게 말하고 있다.

> "낙읍이 이루어지자 은나라의 완고한 백성들을 그곳으로 옮겨놓고, 주공이 왕명으로 훈시를 하며 「다사」를 지었다."[17]

「다사」의 본문 앞머리에 "주공은 처음으로 새 도읍 낙읍에서 상나라 임금의 관리였던 사람들에게 고하였다."[18] 하였으니 이는 주공이

---

16 『書經』 周書 「洛誥」; "召公旣相宅, 周公往營成周, 使來告卜, 作洛誥."
17 『書經』 周書 「多士」; "成周旣成, 遷殷頑民, 周公以王命誥, 作多士."
18 『書經』 周書 「多士」; "周公初于新邑洛, 用告商王士."

은나라 지식인들을 낙읍으로 옮겨놓고 그들을 달래어 자기를 돕도록 하기 위하여 한 말임이 분명하다. 일반적으로 은나라 사람들은 자기들이 살던 고장을 버리고 낙읍으로 옮겨가려 하지 않았다.

「무일」은 성왕이 성장한 뒤에 주공이 나라의 정치를 성왕에게 되돌려주면서 훈계한 내용이다.[19] 「무일」의 서서는 간단히 "주공이 무일을 지었다.(周公作無逸.)"는 한 마디 말뿐이다. 이 글 끝머리에 "선왕을 뒤이은 임금은 이 말을 거울로 삼아야 할 것입니다."[20]라고 말하고 있으니 분명히 주공이 성왕을 훈계한 말이다. 「무일」은 "편히 놀지만 마라!"는 뜻이다.

「군석」은 소공이 늙었음을 이유로 벼슬자리에서 물러나려 하자 주공이 만류한 내용이다. 제목의 '석'은 소공의 이름이다.[21] 이때 소공은 삼공(三公) 중의 한 자리인 태보(太保), 주공은 태사(太師)의 자리에 있었다. 「다방」은 성왕이 직접 정치를 맡아 하게 된 다음 반란을 일으킨 동쪽의 회이(淮夷)와 엄(奄)나라를 정벌하고 나서 주공으로 하여금 그들 여러 나라 친구들을 훈계하도록 하여 지은 것이 이 글이다.[22] 이때에 와서는 주나라가 안팎으로 어느 정도 자기 실력을 갖추었음을 느끼게 한다. 「입정」은 주공이 성왕에게 정권을 넘겨준 다음 정치를 올바로 하는 방법을 가르쳐준 것이다.[23] 특히 덕이 있고 능력이 많은 사

---

19 『書經』 周書 「無逸」; "周公作無逸."

20 『書經』 周書 「無逸」; "嗣王, 其監于茲."

21 『書經』 周書 「君奭」; "召公爲保, 周公爲師, 相成王爲左右, 召公不說, 周公作君奭."

22 『書經』 周書 「多方」; "成王歸自奄, 在宗周, 誥庶邦, 作多方."

23 『書經』 周書 「立政」; "周公作立政."

람들을 나라의 관리로 임용할 것을 강조하고 있다. 「고명」은 성왕이 죽기에 앞서 소공(召公)과 필공(畢公)에게 자기가 죽더라도 제후들을 거느리고 강왕(康王, B.C. 1078-B.C. 1058 재위)을 잘 돌봐줄 것을 부탁한 말을 기록한 것이다.[24] 그러나 이 「고명」편과 다음의 「강왕지고(康王之誥)」편은 체제상 혼란이 적지 않다. 한나라 마융(馬融, 79-166)과 정현(鄭玄, 127-200) 같은 학자들은 여기에 주를 단 판본에서, 「강왕지고」의 "고조과명(高祖寡命)" 이전의 글을 앞 「고명」편에 붙이고 그 뒤의 "왕약왈(王若曰)" 이후의 글을 「강왕지고」편으로 여기고 있다.

어떻든 「고명」을 통하여 한 성왕의 부탁을 따라 성왕이 죽은 뒤 소공과 필공은 여러 제후들을 이끌고 세자 교(釗)를 모셔 강왕(康王, B.C. 1078-B.C. 1053 재위)으로 그 뒤를 잇게 한다.

그 밖에 특히 「금등」편은 처음부터 끝까지 주공에 관한 여러 가지 일과 전설을 기록한 내용이다. 그 밖에 가짜라고 하는 고문(古文)으로 지목되는 「태서(泰誓)」 상·중·하 세 편과 「목서(牧誓)」·「무성(武成)」·「미자지명(微子之命)」·「채중지명(蔡仲之命)」·「주관(周官)」 등 여러 편들도 모두가 주공과 관계가 있는 내용들이다. 완전히 가짜라고 보기는 힘든 내용들이다. 「태서」 상·중·하 세 편의 『서경』 주서 「태서」편 서서는 다음과 같이 이루어져 있다.

"11년에 무왕이 은나라를 정벌하였는데 일월 무오(戊午)일에 군대

---

24 『書經』 周書 「顧命」; "成王將崩, 命召公畢公, 率諸侯相康王, 作顧命."
『史記』 卷4 周本紀; "成王將崩, 懼太子釗之不任, 乃命召公畢公, 率諸侯以相太子而立之."

를 이끌고 맹진을 건너가며 「태서」 3편을 지었다."[25]

『사기』 주본기에는 이 문제에 대하여 다음과 같은 보다 상세한 기록이 있다.

"이에 무왕이 제후들에게 널리 고하였다. '은나라는 중한 죄를 지고 있으니 정벌하지 않으면 안 되오!' 이에 문왕의 뜻을 따라… 동쪽으로 나가 주왕(紂王)을 쳤다. 11년 12월 무오 일에 군대가 완전히 맹진을 건너자 제후들을 모두 모아놓고 또 말하였다. '열심히 싸워야지 게으름피우는 일이 없도록 하시오!' 무왕은 그러면서 「태서」를 지었다."[26]

한쪽에서는 가짜라고 하지만 이런 역사적인 기록이 뒷받침하고 있으니 이 글도 진짜 주공이 지은 글이라 볼 수도 있는 성격의 것이다. 「목서」편을 보면 『서경』 주서 「목서」편 서서에는 이렇게 말하고 있다.

"무왕이 전차(戰車) 300량과 군사들 300명을 거느리고 목야에서 은나라 주왕과 싸우면서 「목서」를 지었다."[27]

---

25 『書經』 周書 「泰誓」; "惟十有一年, 武王伐殷, 一月戊午, 師渡孟津, 作泰誓三篇."

26 『史記』 卷4 周本紀; "於是武王遍告諸侯曰; 殷有重罪, 不可以不畢伐. 乃遵文王, … 以東伐紂. 十一年十二月戊午, 師畢渡盟津, 諸侯咸會, 曰; 孳孳無怠! 武王乃作太誓."

27 『書經』 周書 「牧誓」; "武王戎車三百兩, 虎賁三百人, 與受戰于牧野, 作牧誓."

『서경』 주서 「목서」편 본문에서도 이렇게 말하고 있다.

"때는 갑자 날 이른 새벽, 임금은 아침에 상나라 교외의 목야에 이르러 훈시하는 글을 지었다."[28]

그리고 『사기』 노주공세가(魯周公世家)에서도 "주공이 무왕을 보좌하면서 「목서」를 지었다."[29]고 하였다. 「무성」편을 보면 『서경』 주서 「무성」편 서서에는 이렇게 쓰여 있다.

"무왕이 은나라를 정벌했을 적에 나가 정벌한 뒤에는 짐승들을 돌려보내 주고 그가 다스린 일에 대하여 기록하여 「무성」을 지었다."[30]

『사기』 주본기에도 다음과 같은 기록이 있다.

"상나라 주왕의 아들 녹보를 은나라 나머지 백성들과 함께 봉해주었다. 무왕은 은나라가 안정되기는 하였지만 아직 화합되지는 못하고 있다 하여 그의 동생 관숙 선(鮮)과 채숙 도(度)를 보내어 녹보를 도와 은나라를 다스리게 하였다. 그리고 난 뒤 소공에게 명하여 기자가 잡혀있던 것을 풀어주도록 하였다. … 그리고 군대를 거두어 서쪽으로 돌아와 나라를 돌아보고 정치에 관한 일을 기록하여 「무

28 『書經』 周書 「牧誓」; "時甲子昧爽, 王朝至于商郊牧野, 乃誓."

29 『史記』 卷33 魯周公世家; "周公佐武王, 作牧誓."

30 『書經』 周書 「武成」; "武王伐殷, 往伐歸獸, 識其政事, 作武成."

성」이라 하였다."[31]

「미자지명」에 대하여는 『서경』 「미자지명」의 서서에서 이렇게 말하고 있다.

> "성왕이 은나라의 세력을 물리치고 무경을 죽인 다음 미자(微子) 계(啓)에게 명하여 은나라 뒤를 대신 이어주도록 하였다. 이때 「미자지명」을 지었다."[32]

'미자'는 은나라 주임금의 형이다. 그리고 미자가 봉해진 나라는 송(宋)이라 하였다. 또 『사기』에는 다음과 같은 기록이 있다.

> "관숙·채숙과 무경 등이 회이까지 이끌고 반란을 일으켰다. 주공이 이에 성왕의 명을 받들어 군사를 일으켜 동쪽 지방을 정벌하였다. … 마침내 관숙을 잡아 죽이고 무경도 죽인 다음 채숙은 멀리 내쫓았다. 은나라의 나머지 백성들을 모아놓고 강숙을 위(衛)나라에 옮겨 봉하고 미자를 송(宋)나라에 봉하여 은나라 제사를 받들도록 하였다."[33]

---

31 『史記』 卷4 周本紀; "封商紂子祿父殷之餘民. 武王爲殷初定未集, 乃使其弟管叔鮮蔡叔度相祿父治殷. 已而命召公釋箕子之囚. … 乃罷兵西歸, 行狩, 記政事, 作武成."

32 『書經』 周書 「微子之命」; "成王旣黜殷命, 殺武庚, 命微子啓代殷後, 作微子之命."

33 『史記』 卷33 魯周公世家; "管蔡武庚等果率淮夷而反. 周公乃奉成王命, 興師東伐, … 遂誅管叔, 殺武庚, 放蔡叔. 收殷餘民, 移封康叔於衛, 封微子於宋, 以奉殷祀."

모두 성왕이 직접 명령을 내리며 지은 글처럼 쓰고 있으나 사실은 관숙과 채숙이 무경과 함께 일으킨 반란을 평정한 것도 주공이고, 반란을 평정한 뒤 강숙(康叔)을 은나라 땅의 일부인 위(衛)나라에 봉하면서 미자를 나머지 땅인 송(宋)나라에 봉한 것도 주공이 행한 일이다.

「채중지명」에 관하여는 『서경』 「채중지명」의 서서에 다음과 같이 말하고 있다.

> "채숙이 죽은 뒤에 왕은 채중에게 명하여 제후의 자리에 오르도록 하였다. 이때 「채중지명」을 지었다."[34]

『사기』에는 다음과 같은 기록이 있다.

> "채숙 도(度)가 쫓겨나서 죽고 그 아들에 호(胡)가 있었다. 호는 바로 행실을 고쳐 덕에 힘쓰며 착한 것을 추구하였다. 주공은 그에 대하여 듣고서 호를 들어 노나라 경사(卿士)로 삼자 노나라가 잘 다스려졌다. 이에 주공이 성왕께 아뢰어 호를 다시 채나라에 봉해주어 채숙의 제사를 받들게 하였는데 그 사람이 채중이다."[35]

「채중지명」도 이러한 기록들이 있으니 그것은 주공이 지은 글임에 틀림이 없다. 「주관(周官)」도 『서경』 「주관」의 서서에 그 제작에 관하여

---

34 『書經』 周書 「蔡仲之命」; "蔡叔既沒, 王命蔡仲, 踐諸侯位, 作蔡仲之命."

35 『史記』 卷35 管蔡世家; "蔡叔度既遷而死. 其子曰胡, 胡乃改行, 率德馴善. 周公聞之, 而擧胡以爲魯卿士, 魯國治. 於是周公言於成王, 復封胡於蔡, 以奉蔡叔之祀, 是爲蔡仲."

이렇게 말하고 있다.

"성왕이 은나라의 세력을 물리치고 회이를 멸하고 나서 풍으로 되돌아와 자리 잡았다. 이때 「주관」을 지었다."[36]

『사기』에는 이런 기록이 있다.

"성왕이 풍에 가 있을 적에 천하는 이미 안정되었으나 주나라의 관계(官界)를 다스리는 데에 서열이 없었다. 이에 주공이 「주관」을 지었다."[37]

「주관」의 기록은 주나라 시대의 실제 관료제도와 완전히 동일하지는 않지만 그때의 관료들에 관한 연구를 하는 데에는 귀중한 자료가 된다. 그리고 역시 이 글도 주공에 의하여 지어진 것을 바탕으로 한 것이라 소중하다. 주공의 글에 후세 사람들이 멋대로 말을 더 보태어 이루어 놓은 것이기는 하다. 이로써 본다면 가짜라고 내쳐지는 고문의 글들도 전혀 근거 없이 만들어진 완전한 가짜는 아니고 후세 사람들이 주공의 글을 바탕으로 만든 가짜라고 보아야 한다.

『서경』 주서의 제23편으로 들어 있는 「군진(君陳)」은 그 서서에 이렇게 쓰고 있다.

---

36 『書經』 周書 「周官」; "成王旣黜殷命, 滅淮夷, 還歸在豐, 作周官."

37 『史記』 卷33 魯周公世家; "成王在豐, 天下已安, 周之官政未次序, 於是周公作周官."

"주공이 죽은 뒤에 군진에게 명을 내려 성주의 동쪽 교외를 나누어 주고 다스리게 하였다. 그때 「군진」을 지었다."[38]

곧 주공이 죽은 뒤 성왕이 주공이 경영한 낙읍인 성주의 동쪽 교외를 군진에게 나누어주고 다스리도록 하면서 군진에게 훈계한 말이라는 것이다. 군진이 주공의 아들이며 노나라 백금의 동생이라는 말도 있으나 근거가 확실치는 않다. 다만 성왕은 이 글에서 주공을 본떠서 성주의 동쪽 교외 지역을 잘 다스리라고 간곡한 훈계를 하고 있다. 따라서 이 편은 주공과 직접 관련이 있는 글이라고 할 수는 없다.

이상 살펴본 바와 같이 『서경』은 주공과의 관계가 『시경』보다도 훨씬 더 깊고 직접적인 것을 알 수 있다. 따라서 『서경』의 주나라 왕조의 역사 기록은 완전히 주공의 활동이 중심을 이루고 있다고 해야 할 것이다.

『서경』의 상서(商書) 속에는 주나라 초기의 작품이라 생각되는 「서백감려(西伯戡黎)」와 「미자(微子)」 두 편이 있는데 앞의 '서백'은 바로 문왕이다. 이 편은 문왕이 여(黎)나라를 쳐서 이기자 은나라의 신하가 주(紂)임금에게 그 사실을 보고하면서 주임금에게 '하늘이 우리를 버리려 하고 계신다.'고 충고한 내용이다. 『서경』 주서의 「강고(康誥)」에도 문왕이 미리 하늘의 명을 받았음을 다음과 같이 기록하고 있다.

"업적이 하느님에게 알려지자 하느님은 훌륭하게 여기시고 문왕에

---

38 『書經』 周書 「君陳」書序; "周公旣沒, 命君陳分正東郊成周, 作君陳."

게 크게 하늘의 명을 내리시어 은나라를 쳐 멸하게 하시니, 그 하늘의 명을 잘 받드셨다."[39]

『시경』을 논하면서 이미 지적하였지만 이처럼 주나라가 누린 하늘의 명을 무왕에 앞서 문왕이 이미 받았다는 기록은 『서경』에도 보인다. 이런 칭송을 바탕으로 문왕도 성인이라고 추겨 올릴 수 있는 사람은 분명히 주공 밖에는 있을 수가 없다고 보아야 할 것이다. 그리고 중국 고대에 왕조를 창건한 훌륭한 임금으로 요(堯)·순(舜)과 우(禹, 夏나라)·탕(湯, 商나라)·문무(文武, 周나라)를 흔히 드는데, 주나라의 문왕은 실지로 천하를 모두 다스리는 큰 주나라를 다스린 일도 없는데 무왕 앞에 놓여있다. 이것도 주공이 만들어 놓은 일일 것이다. 그리고 『서경』의 주나라 왕조의 역사 기록은 완전히 주공의 활동이 중심을 이루고 있다. 문왕은 나라를 다스린 일이 없기 때문에 문왕을 중심으로 주나라의 역사를 기록할 수가 없다. 그런데 『서경』은 주공에 의하여 이루어진 것이기 때문에 하서(夏書)·상서(商書)를 뒤잇는 주서(周書)는 주공의 글이 중심을 이루고 있는 것이다.

또 하나 눈길을 끄는 것은 「강고(康誥)」·「주고(酒誥)」·「다사(多士)」 등의 본문에 분명히 주공이 한 말이라고 밝히고 있는데도 "임금님이 이렇게 말씀하셨다(王若曰)" 또는 "임금님이 말씀하셨다(王曰)"라고 주공의 말을 인용하고 있다는 것이다. 필자는 『서경』을 번역하면서 그런 경우에 "왕명으로 이렇게 말하였다" 또는 "왕명으로 말하였다"라고

39 『書經』 周書 「康誥」; "聞于上帝, 帝休, 天乃大命文王, 殪戎殷, 誕受厥命."

옮겼다. 「낙고(洛誥)」나 「입정(立政)」처럼 임금이나 특정인을 상대로 말하는 경우에만 "주공이 말하였다(周公曰)" 또는 "공이 말하였다(公曰)"라고 그의 말을 인용하고 있다. 그러나 일반적인 경우 주공의 아래 사람들은 주공을 왕과 같은 존재로 보고 존경하고 있었기 때문에 주공의 말을 인용하면서 분명히 주공이 한 말임에도 불구하고 "왕약왈(王若曰)" 또는 "왕왈(王曰)"이라 말하고 있음은 앞에서 이미 밝혔다.

이상 살펴본 바와 같이 『서경』은 주나라의 역사가 그 바탕을 이루고 있고 주공과의 관계는 절대로 떼어 놓을 수 없는 실상이다. 주공이 이전의 자료를 바탕으로 『서경』을 이루었고, 그 뒤로도 많은 사람들의 손이 가해지기는 하였지만 『서경』을 이루어 놓은 주역은 주공으로 보아야 한다.

3. 주공과 『역경』

『역경』도 주공과의 관계가 매우 깊다. 그리고 『역경』은 주나라 때 만들어졌으므로 『주역(周易)』이라고도 부른다. 『역경』은 긴 작대기 하나(—)로 이루어진 양효(陽爻)와 짧은 작대기 두 개(--)로 이루어진 음효(陰爻)가 세 개 합쳐져 괘(卦)를 이루는데, 이 효들의 결합은 여덟 가지로 변화를 일으켜 건(乾:☰)·태(兌:☱)·이(離:☲)·진(震:☳)·손(巽:☴)·감(坎:☵)·간(艮:☶)·곤(坤:☷)의 팔괘(八卦)를 이루고, 이 괘들을 위아래로 둘로 겹쳐 놓는 중괘(重卦)를 한 뒤 다시 이 중괘한 괘들을 건(乾, ䷀)·곤(坤, ䷁)·둔(屯, ䷂)·몽(蒙, ䷃) 으로 시작하여 여러 가지로 달리 조합시켜 모두 육십사괘(六十四卦)로 만들었는데 이 괘들이 점을 치는 기본 자료이며 점책인 『역경』의 바탕을 이룬다.

그리고 『역경』의 경문은 옛날부터 상하로 이루어진 경(經)과 십익(十翼)의 12편으로 이루어진다고 하였는데, 그 가리키는 내용이 분명치 않았다. 십익은 단전(象傳) 상 하·상전(象傳) 상 하·계사전(繫辭傳) 상 하·문언전(文言傳)·설괘전(說卦傳)·서괘전(序卦傳)·잡괘전(雜卦傳)의 열 가지를 가리킨다. 『역경』의 본문은 육십사괘가 순서대로 배열되고, 각 괘 밑에는 그 괘의 뜻을 논하는 괘사(卦辭)와 그 괘 각 효의 뜻을 논하는 효사(爻辭)가 배열되어 있다. 그리고 십익의 글들은 모두 괘사와 효사를 다시 여러 가지로 해설하는 글들이다. 따라서 괘사와 효사가 『역경』의 경문이다.

『역경』 계사(繫辭) 하편에 태곳적의 복희씨(伏羲氏)[40]가 처음으로 팔괘(八卦)를 만들어 역(易)의 기초가 되었다[41]고 하였는데, 옛날부터 여기에 대하여는 별다른 이견이 없었다. 이 여덟 개의 괘(卦)를 여러 가지로 달리 조합시켜 모두 육십사괘(六十四卦)로 만드는 중괘(重卦)를 한 사람은 사마천(司馬遷, B.C. 145?-B.C. 86?)의 『사기(史記)』에서는 주나라 문왕(文王)이라고 하였다. 그러나 이 중괘를 한 사람이 누구인가에 대하여는 여러 가지 서로 다른 의견들도 있다. 당나라 공영달(孔穎達, 574-648)

---

40 여기서의 上古時代의 西紀 紀年은 淸 道光 4年에 간행된 小琅嬛僊館臧『歷代帝王年表』에 依據함.

41 『周易』 繫辭下; "古者包犧氏之王天下也, 仰則觀象於天, 俯則觀法於地, 觀鳥獸之文與地之宜, 近取諸身, 遠取諸物, 於是始作八卦, 以通神明之德, 以類萬物之情." 伏羲를 包犧로 쓰기도 한다.
『史記』 卷四 周本紀; "西伯蓋卽位五十年. 其囚羑里, 蓋益易之八卦爲六十四卦."

의 『주역정의(周易正義)』 권전(卷前)의 「제이(第二) 논중괘지인(論重卦之人)」만 보아도 고대의 제왕인 복희(伏羲)·신농(神農, B.C. 3267-B.C. 2704)·하(夏)나라 우임금(禹, B.C. 2183-B.C. 2176)·주나라 문왕의 네 사람을 거론하며 어떤 것이 옳은지 모르겠다고 하였다. 그리고 경문의 중심을 이루는 괘사(卦辭)와 효사(爻辭)의 작자에 관해서도 의견이 여러 가지이다. 서한의 사마천과 동한의 정현(鄭玄, 127-200) 등 적지 않은 학자들이 괘사와 효사는 모두가 문왕이 지은 것이라 주장하였고, 마융(馬融, 79-166)과 왕숙(王肅, 195-256) 같은 많은 학자들이 그 중 효사는 주공이 지은 것이라 주장하였다. 특히 십익(十翼)이라고 하는 열 편의 글은 모두 공자(B.C. 552-B.C. 479)가 쓴 것이라 믿어 왔는데, 구양수(歐陽脩, 1007-1072)가 그의 『역동자문(易童子問)』에서 이의를 제기한 이래 근래 구제강(顧頡剛)의 『고사변(古史辯)』 등 많은 학자들이 공자의 저작임을 부정하고 있다.

중괘한 사람을 주나라 문왕이라 보는 이들이 많고 괘사와 효사도 문왕 또는 주공의 작품이라 보고 있으니, 『역경』도 주공과 밀접한 관계가 있는 책이라는 것을 알 수 있다. 십익도 바탕은 주공이 마련한 것인데 후세 사람들의 손이 많이 보태어져 공자가 지은 것이라는 주장이 생겨났을 것이다.

『역경』 계사(繫辭) 하편에 이런 기록이 보인다.

> "『역』이 생겨난 것은 중고시대였다. 『역』을 지은 사람에게는 걱정 근심이 있었을 것이다."[42]

42 『周易』 繫辭下; 易之興也, 其於中古乎! 作易者, 其有憂患乎!

"『역』이 생겨난 것은 은나라 말엽 또는 주나라의 덕이 흥성할 때였다. 주나라 문왕과 은나라 주임금 때의 일이었을 것이다."[43]

『역경』은 점치는데 쓰던 책이며 그것은 대략 서주 초기부터 쓰기 시작하였을 것이다. 이 때문에 『주역(周易)』이라고도 흔히 부른다. 이 시대에 점을 치는 일은 매우 중대한 행사였다. 개인적인 일뿐만 아니라 나라의 중대한 일까지도 모두 점을 쳐서 길하고 길하지 않을 결과를 미리 알아보고 결정했기 때문이다. 그 전의 은나라 사람들은 말린 거북 껍데기와 짐승 뼈 같은 갑골(甲骨)로 점을 쳤다. 거북 껍데기를 불로 지져 그 뼈가 갈라지는 모양을 보고서 일의 길흉을 점쳤다. 그리고 점친 결과나 점치는 일과 관계되는 일 같은 것을 그 뼈에 써서 새겨 놓았다. 그래서 은나라 사람들은 갑골에 점친 결과 등을 쓴 글인 유명한 한자의 전신인 갑골문(甲骨文)을 남기고 있다. 그러나 주나라에 이르러서는 갑골이 아니라 『역』으로 점을 치는 역점(易占) 방식이 유행하였다. 실은 이미 주나라 이전부터 일부 지방에는 역점 비슷한 점치는 방식이 유행되고 있어서 64괘 같은 것이 유행되고 있었다고 보아야 할 것이다. 그러나 서주에 이르러 이 책으로 점치는 방식은 자리를 잡고 다시 정리되었고, 이에 따라 괘사와 효사 같은 글도 점치는 사람들이 한자를 이용하여 다시 쓰게 되어 비로소 현재 우리가 보는 책의 모습을 갖추게 되었을 것이다. 곧 주나라에 이르러 『역경』으로 점을 치게 되면서, 주나라 사람들에 의하여 괘사(卦辭)나 효사(爻辭) 같은 글이

43 『周易』 繫辭下; 易之興也,其當殷之末世, 周之盛德邪? 當文王與紂之事邪!

조금씩 보태어지기도 하고 고쳐지기도 하면서 지금과 같은 『역경』이 확정되었을 것이다. 그런데 주나라 초기에 『역』으로 점치는 방식을 안착시키면서 『역경』이란 경전이 완성되는 데 가장 큰 역할을 한 사람은 역시 주공 단이라고 보아야 한다.

앞에 보인 「계사」에서 말하고 있는 '중고시대'란 바로 "은나라 말엽 또는 주나라의 덕이 흥성할 때" 곧 "주나라 문왕과 은나라 주(紂)임금 때"이다. 그리고 『역』을 지은 사람이 "걱정 근심이 있었을 것"이라 한 것은 주나라 문왕이 은나라 주임금에 의하여 유리(羑里)에 잡혀 있었을 때를 말할 것이다. 비록 「계사」의 기록을 완전히 믿을 수는 없다 하더라도 문왕이 『역경』의 형성에 일정한 역할을 하였다고 받아들여야만 할 것이다.

또 『역경』이 서주 초에 만들어진 책이라고 한다면 은나라 사람들이 쓰던 한자를 가져와 세상을 다스리는 데 쓰기 시작한 것이 주공이니, 이 책이 만들어진 것도 주공과 관계가 없을 수가 없는 일이다. 괘사와 효사도 모두 주공이 지휘하여 정리한 다음 깨끗이 새로 써서 책이 만들어졌을 가능성이 매우 크다. 앞에서 이미 강조한 것처럼 주공은 아버지 문왕의 위대한 덕을 강조하기에 애썼던 사람이다. 따라서 『역』의 괘(卦)를 64개로 늘리고 괘사와 효사를 쓴 사람이 문왕이라고 한 것도 바로 주공일 가능성이 매우 크다. 어떻든 주공이 아니라면 『역경』도 존재할 수가 없었을 것이다. 『역경』을 우리가 보통 『주역(周易)』이라 부르고 있는 것도 역시 주공의 영향으로 말미암은 것이라 할 수 있다.

그런데 『역경』의 문장은 점을 치기 위하여 씌어진 문장이지만 각

괘마다 모두 독특한 뜻을 가지고 있고, 이에 따라 각 괘의 괘사며 효사의 문장도 모두 독특한 뜻을 지니고 있다. 따라서 이것들을 해설한 괘사와 효사에서 시작하여 단전·상전·문언 등 모든 문장이 각별하다. 그 예로 첫 번째 건괘(乾卦)의 기록 일부를 인용한다. 본문 아래에는 필자의 번역문을 붙인다.

乾 ䷀ 乾爲天 乾上 乾下

건 괘 건은 하늘이다. 건이 위에, 건이 아래에 있다.

乾: 元, 亨, 利, 貞.
건은 근원되고, 형통하고, 이롭고, 바르다.

初九: 潛龍, 勿用.
'초구'는 물에 잠긴 용이니, 쓰지 말라.

九二: 見龍再田, 利見大人.
'구이'는 나타난 용이 밭에 있으니, 큰 인물을 만나 이로울 것이다.

九三: 君子終日乾乾, 夕愓若, 厲無咎.
'구삼'은 군자가 하루 종일 쉬지 않고 힘쓰고 저녁에도 걱정을 하니 위태로워져도 걱정이 없다.

九四: 或躍在淵, 無咎.

'구사'는 혹은 뛰어서 못에 와 있으나, 탈은 없다.

九五: 飛龍在天, 利見大人.

'구오'는 나는 용이 하늘에 있으니, 큰 인물이 나타나 이롭다.

上九: 亢龍, 有悔.

'상구'는 높이 오른 용이니 뉘우침이 있게 된다.

用九, 見羣龍無首, 吉.

'구'를 사용한 것은 나타난 뭇 용이 머리가 없으니 길한 것이다.

彖曰: 大哉乾元! 萬物資始, 乃統天. 雲行雨施, 品物流形. 大明始終, 六位時成. 時乘六龍以御天. 乾道變化, 各正性命, 保合大和, 乃利貞. 首出庶物, 萬國咸寧.

'단전': 위대하다, 건의 근원됨이여! 만물이 이를 바탕으로 시작되니 곧 하늘이 다스리는 것이다. 구름이 떠다니고 비를 내리게 하여 여러 가지 물건이 자기 형체를 이루게 한다. 시작과 끝을 크게 밝히어 천지사방(六爻)이 때에 맞게 이루어진다. 때에 따라 여섯 마리 용을 타고 하늘을 난다. 건의 도는 변화하여 모든 것이 본성과 생명을 바르게 지니어 보존되고 합쳐져 위대한 화합을 이루니 곧 이롭고 바르게 되는 것이다.

여러 가지 물건을 먼저 나오게 하여 온 세상이 모두 편안하게 된다.

象曰: 天行健, 君子以自强不息. 潛龍勿用, 陽在下也. 見龍再田, 德施普也. 終日乾乾, 反復道也. 或躍在淵, 進無咎也. 飛龍在天, 大人造也. 亢龍有悔, 盈不可久也. 用九, 天德不可爲首也.

'상전': 하늘의 운행은 튼튼하다. 군자는 이를 따라 쉬지 않고 스스로 힘써야 한다. '물에 잠긴 용을 쓰지 말라'는 것은 양이 아래에 있기 때문이다. '나타난 용이 밭에 있음'은 덕이 두루 베풀어진 것이다. '하루 종일 쉬지 않고 힘쓰는 것'은 도(道)를 거듭 행하기 위해서이다. '혹은 뛰어서 못에 와 있다'는 것은 나아가도 탈이 없다는 것이다. '나는 용이 하늘에 있다'는 것은 큰 인물이나 온다는 것이다. '높이 오른 용에게 뉘우침이 있다'는 것은 가득 찬 것은 오래갈 수 없다는 것이다. '구'를 사용한 것은 하늘의 덕이 첫머리가 되어서는 안 된다는 것이다.

文言曰: 元者, 善之長也, 亨者, 嘉之會也, 利者, 義之和也, 貞者, 事之干也. 君子體仁, 足以長人; 嘉會, 足以合禮; 利物, 足以和義; 貞固, 足以干事. 君子行此四者, 故曰: 乾: 元亨利貞.

'문언': 근원이란 선함이 자란 것이다. 형통한다는 것은 훌륭한 것이 모인 것이다. 유익하다는 것은 의로움이 조화된 것이다. 바르다는 것은 일의 근간인 것이다. 군자는 어짊을 체득하였으므로 족히 사람들의 우두머리가 될 수 있다. 훌륭한 것이 모이면 족히 예에 합당할 것이다. 사물에 유익하면 족히 의로움이 조화될 수 있다. 올바름이 굳으면 족히 일을 처리할 수 있다. 군자는 이 네 가지를 행하기 때문에 "건은 근원되고, 형통하고, 유익하고, 바르다."고 한 것이다.

初九曰: 潛龍勿用. 何謂也? 子曰: 龍德而隱者也. 不易乎世, 不成乎名, 遯世而 無悶, 不見是而無悶. 樂則行之, 憂則違之. 確乎其不可拔, 潛龍也.

'초구'에 "물에 잠긴 용이니, 쓰지 말라."고 한 것은 무얼 말하는 것입니까? 선생님께서 말씀하셨다. "용은 덕이 있으면서도 숨어 있는 것이다. 세상을 따라 바뀌지 아니하고, 명성을 이루려 하지 않으며, 세상에 숨어 지내지만 번민하지 않으며, 옳다고 여겨주지 않아도 고민하지 않는다. 즐거우면 그것을 행하고, 걱정이 되면 그것을 피한다. 확고하여 그 뜻을 뺏을 수 없는 것이, 물에 잠긴 용이다."

九二曰: 見龍在田, 利見大人. 何謂也? 子曰; 龍德而正中者也. 庸言之信, 庸行之謹, 閑邪存其誠, 善世而不伐, 德博而化. 易曰; 見龍在田, 利見大人, 君德也.

'구이'에 "나타난 용이 밭에 있으니, 큰 인물을 만나 이로울 것이다." 라고 한 섯은 무얼 말하는 것입니까? 선생님께서 말씀하셨다. "용이 덕이 있으면서 옳고 바른 것이다. 중용(中庸)에 맞는 말이라 신의가 있고, 중용에 맞는 행동이라 삼가서 하고, 사악함은 막고 그의 정성을 다하며, 세상을 위하면서도 뽐내지 아니하고 덕을 넓히고 세상을 올바로 이끈다. 『역』에 말하기를 '나타난 용이 밭에 있으니, 큰 인물을 만나 이로울 것이다.'라고 한 것은 임금의 덕을 말한 것이다."

九三曰: 君子終日乾乾, 夕惕若, 厲無咎. 何謂也? 子曰: 君子進德修業. 忠信, 所以進德也. 修辭立其誠, 所以居業也. 知至至之, 可與幾也. 知終終之, 可與存義也. 是故, 居上位而不驕, 在下位而不憂. 故乾乾, 因其時而惕, 雖危而無咎矣.

'구삼'에 "군자가 하루 종일 쉬지 않고 힘쓰고 저녁에도 걱정을 하니 위태로워져도 탈이 없다."고 한 것은 무엇을 말하는 것입니까? 선생님께서 말씀하셨다. "군자가 덕으로 나아가고 학업을 닦는 것이다. 충실하고 신의가 있기 때문에 덕으로 나아가게 되는 것이다. 언사(言辭)를 닦고 그의 성실함을 세움으로 학업으로 처신하게 되는 것이다. 이르러야 할 곳을 알고 이를 곳으로 나아가니 가히 목적을 이루게 된다. 끝날 곳을 알고 끝날 곳으로 나아가니 가히 의로움에 몸을 둘 수 있게 된다. 그러므로 윗자리에 앉게 되어도 교만하지 않고, 아랫자리에 있다 해도 걱정을 하지 않는다. 그래서 쉬지 않고 힘쓰면서 때에 따라 두려워하니, 비록 위태로워진다 해도 탈이 없다는 것이다."

'문언'은 뒤로 좀 더 이어지고 있지만 생략하였다. 그리고 이 '문언'은 앞머리 건괘(乾卦)와 곤괘(坤卦)에만 붙어 있다. 그리고 육십사괘의 끝머리 미제괘(未濟卦)에 이르기까지 곤괘와 원칙적으로 같은 형식의 경전(經傳)의 글로 『역경』의 글이 이루어지고 있다. 이 육십사괘를 중심으로 한 경전의 글이 끝난 뒤에, 다시 경의 글을 해설한 전(傳)인 계사(繫辭) 상·계사 하·설괘(說卦)·서괘(序卦)·잡괘(雜卦)의 다섯 편이 더 붙여져 있다. 『역경』은 본래 점책이지만 이상과 같은 독특한 문장 때문에 중국의 중요한 경전의 하나가 된 것이다. 그리고 점책인 『역경』의 문장이 이처럼 존중받을 만한 내용으로 발전한 것은 역시 주공의 역할이 컸다고 여겨진다. 괘사와 효사뿐만 아니라 『역경』이라는 책 자체가 주공의 손을 통하여 완성된 것으로 보아야 한다. 따라서 주공으로 말미암아 『역경』이 『주역』이라고도 부르게 된 것이라고 할 수 있다.

4. 주공과 예경禮經

예(禮)에 관한 경전으로는 삼례(三禮)라 하여 『주례(周禮)』·『예기(禮記)』·『의례(儀禮)』의 세 가지가 있다. 이 중 특히 『주례』는 주공이 썼다고 주장하는 학자들이 많다. 어떻든 그 속에 실려 있는 중국 고대의 여러 가지 예의제도와 정치사회제도는 대체로 모두가 분명히 주공이 만든 예(禮)와 악(樂)을 바탕으로 하고 있다. 『예기』 와 『의례』도 주공의 손을 벗어나 이루어진 책이 아니다. 이들 책 속에 기록된 여러 가지 예악 제도는 모두 주공이 만들어 놓은 제도를 바탕으로 하고 있으니 그 책들도 본래는 주공에 의하여 이루어진 것이라 보아야 한다. 물론 지금 우리가 보는 이들 책이 완성된 시기는 주공보다 훨씬 후대이므로 거기에는 후세의 적지 않은 여러 사람들의 손길이 가해져 있을 수밖에 없다.

옛날부터 예는 무척 중시되었다. 『예기』 곡례(曲禮)에는 다음과 같은 기록이 실려 있다.

"도와 덕과 어짊과 의로움도 예가 아니면 이루어지지 않고, 가르침을 펴고 풍속을 바로잡는 일도 예가 아니면 갖추어지지 않고, 다투는 것을 갈라놓고 소송을 해결하는 것도 예가 아니면 결행할 수가 없고, 임금과 신하와 위아래 사람들 및 아버지와 아들과 형과 아우도 예가 아니면 안정되지 않고, 벼슬살이와 배우는 일과 스승을 섬기는 일도 예가 아니면 친히 할 수가 없고, 조정에서 관원들이 일하고 군사를 다스리는 일과 관청을 다스리고 법을 집행하는 일도 예가 아니면 위엄이 있게 행하여지지 않고, 신에게 제사 지내고 조상을 받들며 귀신을 모시는 일도 예가 아니면 정성스럽게 되지 않고 장엄하게 되지도 않는다."

道德仁義, 非禮不成; 教訓正俗, 非禮不備; 分爭辨訟, 非禮不決; 君臣上下, 父子兄弟, 非禮不定; 宦學事師, 非禮不親; 班朝治軍, 涖官行法, 非禮威嚴不行; 禱祠祭祀, 供給鬼神, 非禮不誠不莊.

이 때문에 결국은 "예는 나라의 줄기이다."[44]라는 말에서 시작하여, "예는 나라의 기강이다."[45], 또는 "예는 왕의 대원칙이다."[46], 다시 "예는 정치의 수레다."[47]라고 하는 등의 말도 나오게 된 것이다. 예는 본래 우리가 지금 생각하는 예의뿐만 아니라 그 시대 여러 가지 정치사회제도를 모두 포함하는 매우 중요한 사람들의 행동 규칙을 뜻하는 말이었다. 이 때문에 예에 관한 경전인 예경은 중시되지 않을 수가 없는 경전이었다.

(1)『주례』

『주례』는 본래 『주관(周官)』이라고 불렀다. 주나라시대의 관리제도가 기록되어 있다는 뜻을 담고 있는 것이다. 그러나 선진시대의 문헌 중에는 『주례』나 『주관』에 대한 기록이 보이지 않는다. 사마천의 『사기』 봉선서(封禪書)에 『주관』이란 기록이 처음 보이고, 『한서(漢書)』 경십삼왕전(景十三王傳)에는 다음과 같은 기록이 보인다.

> "하간헌왕(河間獻王, ? -B.C. 130)이 책들을 구했는데 모두 고문으로 쓰인 선진시대의 옛 책으로, 『주관』·『상서(尙書)』·『예(禮)』·『예기』·『맹자』·『노자』 같은 종류였다."[48]

---

44 『左傳』 襄公 30年; "禮, 國之幹也."

45 『國語』 晉語 4; "禮, 國之紀也."

46 『左傳』 昭公 15年; "禮, 王之大經也."

47 『左傳』 襄公 21年; "禮, 政之輿也."

세상에 잘 전해지지 않고 있던 『주관』을 한나라 초기의 하간헌왕이 처음으로 찾아냈다는 것이다. 하간헌왕은 전한의 다섯 번째 황제인 경제(景帝, B.C. 188-B.C. 141 재위)의 아들이다. 그리고 『주례』라는 호칭은 『한서』 왕망전(王莽傳)에서 왕망(B.C. 9-A.D. 23)이 유흠(劉歆, ?-25)과 박사 및 여러 선비들과의 논의를 얘기하는 중에 처음으로 보인다. 다시 순열(荀悅, 148-209)의 『한기(漢紀)』에는 "유흠이 『주관경(周官經)』 16편을 『주례』라고 지었다."[49] 는 기록이 보인다. 이에 따르면 『주례』는 본명이 『주관』인데 유흠이 그 호칭을 『주례』라고 바꾸었음을 알 수 있다.

『주례』 첫머리 천관총재(天官冢宰)의 "유왕건국(惟王建國)"이란 구절 밑에 정현(鄭玄, 127-200)이 "주공이 나라의 정치를 맡고 있을 적에 육부(六部)의 직책을 제정하고 『주례』라 하였다."고 주를 달고 있어서 많은 학자들이 이 책을 주공이 지은 것이라 믿었다. 그러나 주이존(朱彛尊, 1629-1709)의 『경의고(經義考)』에 의하면 송대에는 사마광(司馬光, 1019-1086)·소철(蘇轍, 1039-1112) 등 서한의 유흠(劉歆)이 쓴 것이라 믿는 이들이 많았고 그 이후로도 이와 비슷한 생각을 지닌 이들이 많았다. 그러나 『주례』는 절대로 유흠이 쓴 것이 아니다. 『주례』에 손을 댄 사람 중의 한 사람일 수는 있다. 『주관』이라는 책 이름을 『주례』라고 고친 이가 유흠이라고 보는 것이 옳다.[50] 진진손(陳振孫)의 『서록해제(書錄解題)』를 보면 『주례』에 대하여 "내가 보건대 이 책에는 옛날의 기이한 문자가 많

48 『漢書』 景十三王傳; "獻王所得書, 皆古文先秦舊書, 『周官』·『尚書』·『禮』·『禮記』·『孟子』·『老子』之屬."

49 荀悅 『漢紀』; "劉歆以 『周官經』 十六篇爲 『周禮』."

50 荀悅 『漢紀』, 陸德明 『經典釋文』 敍錄 等.

다. … 그것은 이 책이 선진시대의 고서임에 의심이 없을 것으로 알게 한다."[51] 그리고 포(暴) 자로 虣(포), 법(法) 자로 灋(법), 구(柩) 자로 匶(구), 풍(風) 자로 飌(풍) 자 등등이 쓰인 예를 들고 있다. 그러니 『주례』가 한나라 이전에 쓰인 책임에는 틀림이 없는 것이다.

이 책이 지금 우리가 보는 형태로 완전히 이루어진 것은 전국시대(B.C. 403-B.C. 222)라 보고 있지만, 그때 주공이 쓴 『주관』을 바탕으로 하고, 그때와 이전 시대의 직관(職官)과 손을 대는 사람들이 이상적이라고 생각한 제도가 보태어져 이루어진 정부조직법을 정리한 것이 이 책이다. 따라서 그 내용이 주나라 시대에 실제로 쓰인 관제와도 다를 수밖에 없다. 그러나 선진(先秦)시대의 정치사나 사회사를 연구하는 데에는 매우 귀중한 자료가 된다. 『서경』 주서(周書)에는 「주관」편이 있음에 유의해야 한다. 이 「주관」은 서서(書序)에 의하면 주나라가 은나라를 멸한 뒤 성왕의 이름으로 주나라 여러 관리들에게 훈계한 말을 기록해 놓은 것이다.[52] 여하튼 이 「주관」도 주나라 관리제도를 연구하는 데는 좋은 자료가 된다.

『주례』의 내용은 모두 여섯 부분으로 나누어져 있다. 제일이 천관총재(天官冢宰)인데 천관은 나라를 통솔하는 치전(治典)을 담당하여, 명·청의 관리제도에 있어서는 이부(吏部)에 해당하는 벼슬자리이다. 제이는 지관사도(地官司徒)인데 나라의 교육을 맡는 교전(教典)을 담당하여, 명·청의 관리제도에 있어서는 호부(戶部)에 유사한 벼슬자리이다. 제

---

51 陳振孫 『書錄解題』; "愚按此書多古文奇字, … 其爲先秦古書, 似無可疑."

52 『書經』 周書 「周官」 書序; "成王旣黜殷命, 滅淮夷, 還歸在豐, 作周官."

삼은 춘관종백(春官宗伯)인데 나라의 예(禮)를 관장하는 예전(禮典)을 담당하여, 명·청의 관리제도에 있어서는 호부(戶部)에 해당하는 벼슬자리이다. 제사는 하관사마(夏官司馬)인데 나라의 관리들을 바로잡고 군대를 관리하는 정전(政典)을 담당하여, 명·청의 관리제도에 있어서는 병부(兵部)에 유사한 벼슬자리이다. 제오는 추관사구(秋官司寇)인데 나라의 형옥(刑獄)을 관장하는 형전(刑典)을 담당하여, 명·청의 관제에서는 형부(刑部)에 해당하는 벼슬자리이다.

『서경』 주서(周書) 「주관」편에는 이상 다섯 부의 관직에 대한 해설을 다음과 같이 하고 있다.

> 총재는 나라의 다스림을 장악하고, 여러 관리들을 거느려, 온 세상을 공평하게 한다.
> 冢宰, 掌邦治, 統百官, 均四海.

> 사도는 나라의 교육을 장악하고 오륜(五倫)을 펴서 만백성들을 순종케 한다.
> 司徒, 掌邦教, 敷五典, 擾兆民.

> 종백은 나라의 예를 장악하고 신과 사람을 다스려, 위아래를 화합케 한다.
> 宗伯, 掌邦禮, 治神人, 和上下.

> 사마는 나라의 전쟁을 장악하고 육군(六軍)을 거느려, 나라를 평안케

한다.

司馬, 掌邦政, 統六師, 平邦國.

사구는 나라의 금법(禁法)을 관장하고 간악한 자들을 심문하며 난폭한 자들에게 벌을 내린다.

司寇, 掌邦禁, 詰姦慝, 刑暴亂.

제육은 동관고공기(冬官考工記)인데 나라의 여러 종류의 공장(工匠)들에 대한 설명이어서, 명·청의 관리제도에 있어서는 공부(工部)와 비슷한 벼슬자리이다. 『수서(隋書)』 경적지(經籍志)에는 다음과 같은 기록이 있다.

"한나라 때에 이씨(李氏)가 『주관』을 얻었다. … 그것을 하간헌왕(河間獻王)에게 올렸다. 오직 「동관(冬官)」 한 편이 빠지고 없어서 하간헌왕은 천금의 돈으로 그것을 사려 하였으나 살 수가 없어서 마침내 『고공기(考工記)』를 가져다가 그곳을 보충하여 합쳐서 육편으로 만든 다음 그것을 황제에게 바쳤다."[53]

그러나 '이씨'가 어떤 사람인지 알 수 없고 무엇을 근거로 한 말인지도 알 수가 없다. 여하튼 제육 「동관」 한 편은 없어져 버리고 전하

---

53 『隋書』 經籍志; "漢時有李氏, 得『周官』. … 上於河間獻王. 獨闕「冬官」一篇, 獻王購之千金, 不得, 遂取『考工記』以補其處, 合成六篇, 奏之."

지 않았는데, 한 대에 와서 하간헌왕이 『고공기』를 가져다가 없어진 「동관」을 보충한 것이라는 사실만을 알게 되었을 따름이다.

이들 여섯 부에는 장관인 경(卿)과 차관인 대부(大夫) 밑에 수십 명의 여러 가지 업무를 맡은 관리들이 있었다. 그리고 『주례』의 제도와 후세 중국의 정치제도를 비교해 볼 때, 『주례』가 얼마나 중국 역대의 정치제도에 큰 영향을 미쳐왔는가 짐작할 수 있을 것이다. 심지어 전한 말의 왕망(王莽, B.C. 9-A.D. 23)과 송대의 왕안석(王安石, 1021~1086) 등처럼 직접 『주례』의 제도를 자기 시대에 재현시켜 보려고 노력한 정치가도 무수히 나왔었다. 이 『주례』에 기록된 직관들이 모두 주나라 때에 실행된 제도와 꼭 같은 것은 아니다. 그러나 주나라 시대의 관제를 연구하는 데에는 귀중한 자료가 된다. 다시 말하면 이 책은 주공의 저작을 기반으로 하여 후세 사람들이 자기네 이상을 따라 여러 가지로 보충한 것이다. 주나라 때의 관제를 연구하는 데 있어서는 더 말할 수 없는 소중한 연구 자료임에 틀림이 없다.

(2) 『예기』

『예기』는 진한(秦漢) 이전의 각종 예의에 관한 논저들을 골라 모아놓은 책이다. 『예기』는 모두 49편으로 이루어져 있는데 그 내용은 대체로 다음과 같은 네 종류로 크게 나누어 볼 수 있다.

첫째; 학술과 예에 관한 기본 이론이다. 「예운(禮運)」·「학기(學記)」·「경해(經解)」·「애공문(哀公問)」·「방기(坊記)」·「중용(中庸)」·「표기(表記)」·「치의(緇衣)」·「유행(儒行)」·「대학(大學)」·「악기(樂記)」의 11편이 이에 속한다.

둘째; 고대의 제도와 예속(禮俗)에 관한 기록으로 고증(考證)적인 성격을 띤 것도 있다. 「곡례(曲禮)」 상하·「왕제(王制)」·「예기(禮器)」·「소의(少儀)」·「옥조(玉藻)」·「대전(大傳)」·「월령(月令)」·「명당위(明堂位)」·「상복소기(喪服小記)」·「잡기(雜記)」 상하·「상대기(喪大記)」·「상복대기(喪服大記)」·「분상(奔喪)」·「문상(問喪)」·「복문(服問)」·「간전(間傳)」·「삼년문(三年問)」·「문왕세자(文王世子)」·「내칙(內則)」·「교특생(郊特牲)」·「제법(祭法)」·「제통(祭統)」·「투호(投壺)」의 25편이 이에 속한다.

셋째; 『의례』의 각 편을 해설한 것이다. 「관의(冠義)」·「혼의(昏義)」·「향음주의(鄉飮酒義)」·「사의(射義)」·「연의(燕義)」·「빙의(聘義)」·「제의(祭義)」·「상복사제(喪服四制)」의 8편이 이에 속한다.

넷째; 공자와 그의 제자 또는 다른 사람들과의 문답을 적은 것이다. 「중니연거(仲尼燕居)」·「공자한거(孔子閒居)」·「단궁(檀弓)」 상하·「증자문(曾子問)」의 5편이 이에 속하며 『논어』와 비슷한 성격의 내용이다.

이 중 가장 중요한 기록은 첫째 11편이라 할 것이다. 특히 이 중의 두 편인 「중용」과 「대학」은 송대 이후 단행본으로 독립하여 사서(四書) 속에 포함됨으로써 유가의 가장 중요한 기본 경전의 하나로 각각 독립한다.

『한서(漢書)』 유림전(儒林傳)에는 정현(鄭玄, 127-200)의 『육예론(六藝論)』을 인용하여 "대덕(戴德)이 전한 기(記)는 85편이었는데 곧 『대대례(大戴禮)』이다. 대성(戴聖)이 전한 기는 49편인데 곧 이것이 『예기』이다."[54]라고

54 『漢書』 儒林傳引 『六藝論』; "戴德傳記八十五篇, 則 『大戴禮』 是也. 戴聖傳記四十九篇, 則此 『禮記』 是也."

말한 기록이 있다. 이 대성이 전한 것을 『소대례』라고도 불렀다. 대덕의 『대대례』를 대성이 49편으로 정리하여 『예기』가 이루어졌다고도 한다. 그러나 이것도 확실한 근거가 있는 것은 아니다. 한나라 초기에는 『예기』의 형식이 정착되지 않아 여러 가지 종류의 판본들이 있었는데, 대체로 정현(鄭玄)의 주석서가 나오고 다시 그 책을 바탕으로 한 공영달(孔穎達, 574-648)의 『오경정의(五經正義)』가 나옴으로써 지금 우리가 보는 형식으로 이 경전들이 정착되었다.

『예기』의 각 편은 주공이 쓴 글을 기본으로 하여 공자의 제자들이 편찬한 것을 바탕으로 하고 있다. 그러나 다시 후세의 학자들이 많은 부분을 고쳐 써서 제각기 개성을 지닌 내용들이 담겨 있다.[55] 따라서 이 중 「단궁」·「왕제」·「월령」·「악기」·「중용」·「치의(緇衣)」·「유행(儒行)」·「대학」 편 등은 한나라 때부터 단행본처럼 따로 다루어지며 저자에 대한 논의가 있었다. 이 중 「월령」 한 편만이 주공의 저작이란 이론도 보인다.[56] 그러나 『예기』의 전 편이 주공이 제정한 예악(禮樂)을 바탕으로 하고 있음에 유의해야 한다. 특히 『예기』 중의 이 부분은 주공의 저작을 공자의 제자들이 제각기 수정하고 보태어 써넣은 글들이다.

이 중에서도 가장 두드러지는 것은 「대학」과 「중용」의 두 편이다. 이 두 편의 글은 다른 『예기』의 편들에 견주어 특수한 내용과 구체적

---

55 『漢書』 經籍志의 "記百三十一篇" 아래 原注에 "七十子後學者所記也."라 하였고, 『經典釋文』 敍錄에는 "『禮記』者, 本孔子門徒共撰所聞, 以爲此記. 後人通儒, 各有損益."이라 말하고 있다.

56 『經典釋文』(『禮記音義』卷一); "蔡伯喈·王肅云, 周公所作."

인 사상을 담고 있었으므로 일찍부터 학자들의 주의를 끌어 왔다. 서한(西漢, B.C. 206-A.D. 8)의 유향(劉向, B.C. 77?-A.D. 6)은 그의 『별록(別錄)』에서 『대학』을 통론류(通論類)에 배열하였다.[57] 그가 『대학』을 통론류에 넣은 것은 『대학』이 유가(儒家)의 최고 교육기관인 태학(太學)의 교육 이념을 논술한 것이라 믿었기 때문이다. 그러나 송대(960-1279) 이전에는 단행본으로 떨어져 나왔던 일은 없다. 사마광(司馬光, 1019-1086)이 『중용대학광의(中庸大學廣義)』를 저술하여 『중용』과 함께 『예기』로부터 떼어 내어 책으로 다룬 것이 아마도 최초의 분리였을 것이다. 그리고 정호(程顥, 1032-1085)·정이(程頤, 1033-1107)의 두 형제는 특히 이 『중용』과 『대학』을 드러내어 연구하였다. 뒤에 그들의 후학인 주희(朱熹, 1130-1200)는 이들의 연구를 계승 발전시켜 『대학장구(大學章句)』를 짓고, 『중용(中庸)』·『논어(論語)』·『맹자(孟子)』와 함께 네 종류의 책을 사서(四書)라 불렀다. 이 뒤로 이들 사서는 『시(詩)』·『서(書)』·『역(易)』의 삼경(三經) 못지 않게 가장 세상 사람들에게 중시되고 널리 읽히는 유가의 기본 경전으로 격상되었다.

예에 관한 기록이라지만 이처럼 지금 눈으로 보면 『예기』에는 독특한 기록들도 있다. 이는 주공이 제정한 예악제도를 바탕으로 한 것이기 때문에 여기의 예의 뜻은 광범위하게 파악해야만 한다.

57 孔穎達(574-648)의 『禮記正義』에 인용된 『鄭氏目錄』 의거.

(3)『의례』

『의례』는 주나라 시대에 행해지던 대표적인 행사의 예절과 의식을 쓴 것이다.

곧 『예기』 예운(禮運)편과 혼의(昏義)편에 보이는 관(冠)·혼(婚)·상(喪)·제(祭)·조(朝)·빙(聘)·향(鄕)·사(射)의 행사에 쓰이던 예제이다. 『의례』는 중국 고대인들의 생활 규범이 기록된 책이어서, 한(漢)대까지도 『사례(士禮)』 또는 『예(禮)』라고도 부르던 예에 관한 대표적인 경전이었다. 『의례』의 저자가 주공이라는 것은 거의 모든 학자들이 믿고 있는 사실이다. 그러나 뒤에 공자의 손길도 보태어졌음이 확실하다. 『예기』 단궁(檀弓)편에 "애공(哀公)이 유비(孺悲)로 하여금 공자에게 가서 사상례(士喪禮)를 배우게 하니, 「사상례」는 이에 글로 이루어졌다." 하였다. 「사상례」는 『의례』의 편명이니 적어도 그중 일부는 공자가 쓴 것임에 틀림이 없다. 그리고『의례』에는 후세 사람들의 손이 더 보태어진 곳도 있고 없어진 부분도 있는 듯하다.

『예기』 「혼의(昏義)」편에는 "관(冠)·혼(昏)·상(喪)·제(祭)·조(朝)·빙(聘)·향(鄕)·사(射)의 여덟 가지는 예의 대체(大體)가 되는 것"이라 했는데, 『의례』 17편은 모두 이에 관한 기록이다. 관·혼에 관한 것으로 「사관례(士冠禮)」·「사혼례(士昏禮)」·「사상견례(士相見禮)」 3편이 있고, 상·제에 관한 것으로 「사상례(士喪禮)」·「기석례(旣夕禮)」·「사우례(士虞禮)」·「상복(喪服)」·「특생궤식례(特牲饋食禮)」·「소뢰궤식례(少牢饋食禮)」·「유사철(有司徹)」의 7편이 있으며, 향·사에 관한 것으로 「향음주례(鄕飮酒禮)」·「향사례(鄕射禮)」·「연례(燕禮)」·「대사(大射)」의 4편이 있고, 조·빙에 관한 것으로 「빙례(聘禮)」·「공사대부례(公食大夫禮)」·「근례(覲禮)」의 3편이 있다.

첫 번째로 보이는 관례는 옛날에 선비들이 나이가 20세가 되면 묘당(廟堂)에서 예식을 행하고 관을 쓰던 성년의식(成年儀式)이었다. 이는 당사자가 성인 곧 어른이 되었음을 드러내는 의식이었다. 그때부터 남들은 그의 이름을 부르지 않고 자(字)를 불렀다. 그러한 일을 하는 의식이 「사관례」이다. 혼은 남녀가 결혼하는 것을 뜻한다. 그때의 의식이 「사혼례」이다. 상은 사람이 죽어 장사지내는 것이고, 제는 죽은 이나 귀신들에게 제사를 지내는 것이다. 유가에서는 이 상·제에 관한 예를 중시하여 그 내용과 형식이 가장 복잡하였다. 따라서 그 의식의 기록도 여러 편으로 이루어져 있는 것이다. 향은 자기가 사는 고장에서 사람들이 서로 교류하는 예이고, 사는 활쏘기를 하는 의식(儀式)에서의 예법을 가리킨다. 조는 신하가 천자를 찾아뵐 때의 예법이고, 빙은 제후의 나라들 사이의 외교에 관한 예법이다. 이 『의례』의 예법은 시대에 따라 약간 달라서 꼭 그대로 지켜지지는 않았지만, 수천 년의 중국 역사를 통하여 중국인들의 생활 규범의 뼈대가 되어 왔다.

주나라가 선 다음 주공이 이처럼 구체적인 예의제도를 제정하여 실행했기 때문에, 싸움밖엔 할 줄 모르던 야만적인 주 민족이 주나라를 세운 다음에는 바로 문화민족으로 발돋움할 수가 있었던 것이다. 곧 주나라는 주공의 이러한 예의제도의 제정을 통하여 강대한 문화국가로 발전하게 되는 것이다. 따라서 주공이 제정한 예에 관한 경전인 예경은 야만적인 주 민족을 문화민족으로 발전시키는 바탕이 되는 것이다.

제5장

맺는말

주공은 대략 기원전 1000년을 전후한 무렵에 주나라라는 큰 나라를 세우고, 그 큰 나라를 다스릴 여러 가지 제도를 이룩해 놓은 인물이다. 갑골문(甲骨文)에는 상(商)나라(B.C. 1751-B.C. 1111) 역대 제왕들의 이름과 그들에 관한 간단한 기록이 있어 일반적으로 중국의 유사시대는 상나라부터라고 보고 있다. 그러나 지금의 중국이라는 넓은 땅은 주(周)나라(B.C. 1122-B.C. 255) 이전까지는 수많은 부족을 바탕으로 한 여러 작은 부락국가(部落國家)들로 구성되어 있었다. 이 상나라 말엽에 서북쪽에서 내려온 미개한 야만민족이 이룩한 주나라에 주공 단(旦)이라는 인물이 나와 상나라 후신인 은(殷)나라를 비롯한 여러 부락국가들을 모두 쳐부수고 황하를 중심으로 한 서쪽과 동쪽의 넓은 지역을 하나로 합쳐 주나라라는 큰 나라를 건설한 것이다. 그리고 그 큰 주나라를 다스릴 여러 가지 제도를 마련하고 이를 바탕으로 주나라를 크게 발전시킨다.

주나라 초기의 주 민족의 근거지는 지금의 섬서성(陝西省) 기산현(岐山縣)에 있는 기산(岐山) 아래 부풍(扶風) 근처 주원(周原)이라 부르던 고장이었다. 주 민족은 본래 서북쪽 미개한 땅으로부터 옮겨온 야만적인 민족이었는데, 그곳으로 옮겨와서야 비로소 원시적인 생활로부터 벗어나기 시작하였다. 이들이 중국 땅의 서쪽과 동쪽 지방을 모두 합쳐 한 나라를 만들어 놓은 것은 중국 역사상 막대한 영향을 끼친 큰 뜻이 있는 일이다. 실제로 세상에 있는 언어와 풍속이 모두 다른 작은 여러 나라들을 쳐서 광대한 한 나라를 건설하여 다스리자면 무척 잔인한 방법을 쓰지 않는다면 이룰 수가 없는 일이다. 주나라는 미개한 야만적인 민족이었고, 거기에 주공 단이라는 특출한 인물이 나왔던 덕분에 그것은 가능했던 일이다. 이러한 위대한 업적을 이룬 사람이 주공이다.

주나라의 첫째 임금은 무왕(武王, B.C. 1122-B.C. 1103)이고 그 뒤를 아들 성왕(成王, B.C. 1104-B.C. 1066)이 계승하여 나라를 다스렸기 때문에 주나라를 세우고 다스린 것은 보통 이들 무왕과 성왕이라고 믿고 있지만, 실제로 주나라를 건설하고 발전시킨 것은 이들 제왕이 아니라 주공이었다. 주공은 주나라 문왕의 아들이며 무왕의 친동생이다. 문왕의 뒤를 무왕이 뒤이어 임금 자리에 앉아 은나라를 쳐부수고 큰 주나라를 건설한다. 그렇지만 무왕은 건강이 별로 좋지 못하여 크게 활동하지 못하고 그때에 중요한 나랏일을 처리한 것은 모두 주공이었다. 은나라 주왕(紂王, B.C. 1174-B.C. 1111)을 정벌한 것도 실은 주공이었다. 그리고 무왕은 은나라를 정벌하여 천자가 된 뒤 몇 년 임금 자리에 앉지도 못하고 죽어버려 그 뒤를 어린 성왕이었다. 성왕은 어려서 나랏일을 처리할 수가 없었으므로 계속 이어서 주공이 나라를 다스렸다. 그러니 주나라를 세우고 다스려 발전시킨 것은 제왕인 무왕과 성왕이 아니라 주공이었다.

주나라는 무척 미개한 민족의 나라였기 때문에 주공은 특히 자기들이 쳐부순 은나라의 학술과 문화를 본떠서 새로운 주나라의 학술과 문화를 발전시키기에 힘썼다. 무엇보다도 은 민족이 점칠 적에 사용하던 갑골문자(甲骨文字)를 가져다가 문자를 개선하여 이후로 중국에서 널리 쓰게 되는 한자로 발전시킨 것은 중국의 학술 문화사상 가장 위대한 주공의 공로이다. 그 밖에도 정치사회에 관한 모든 제도를 은나라 것을 본떠서 새로운 주 나라의 것으로 발전시키기에 힘썼다.

주공은 은나라를 정벌하여 임금 주왕(紂王)을 죽인 뒤 주왕의 아들 무경(武庚) 녹보(祿父)를 동쪽 지역의 은나라 옛 땅에 봉해주었다. 그리고 자기 아우 관숙과 채숙도 그곳에서 가까운 땅에 봉하여 무경 녹보의 정치를 감독하도록 하였다. 그때 주나라는 임금 성왕이 어리고 나라의 터전도 제대로 잡혀 있지 않은 때라 주공의 형제인 관숙과 채숙이 무경 녹보를 부추겨 반란을 일으킨다. 이에 주공은 직접 군대를 이끌고 동쪽의 반란자들 정벌에 나서서 3년 동안 싸워 반란을 평정하게 된다.

이 주공의 동쪽 정벌은 반란의 진압에 그치지 않고 첫째로는 망한 은나라의 나머지 세력을 완전히 쓸어버리는 데 목적이 있었다. 그러고 나서는 문화가 발전한 은나라의 여러 가지 뛰어난 정치사회 제도와 학술 문화를 장악하여 자기 나라의 새로운 정치사회 제도를 마련하고 자기네 학술과 문화를 발전시키는 계기로 삼으려고 하였다. 그 중에서도 가장 큰 업적은 한자를 쓰기 시작한 것이라 할 수 있다. 주공은 은나라를 본떠서 새롭게 제례작악(制禮作樂)하여 정치와 사회를 바로잡았다. 큰 나라를 다스리기 위하여 봉건제도도 실시하였다. 그리고 새로운 큰 나라를 다스리기 위하여 나라 중심 지역에 성주(成周)라고 부르는 새로운 도성인 낙읍(洛邑)도 건설하였다.

주공은 기원전 1000년 무렵 미개한 주 민족을 이끌고 넓은 중국 땅에 한 명의 황제가 다스리는 주(周)나라를 이룩한 위대한 인물이다. 그리고 뛰어난 은나라 문화를 본떠서 새로운 주 나라의 예악(禮樂) 제도도 마련하였다. 특히 그가 은나라 갑골문자를 본받아 새로운 한자를 발전시킨 것은 무엇보다도 위대한 공로이다. 이를 바탕으로 중국 땅에는 대제국이 나라를 이어가는 역사가 전개되고, 그 역사를 이끈 민족과 수천 년을 두고 이어져 온 중국의 전통문화가 발전하게 된다. 곧 주공의 공로를 바탕으로 넓은 중국 땅에는 하나의 대제국들이 이어가게 되고, 다시 거기에 한족(漢族)이란 민족과 새로운 한문화(漢文化)가 발전하게 되는 것이다.

제4장에서 논한 주공에 의하여 전승되게 된 경전 곧 『시경』·『서경』·『역경』의 삼경과 『주례』·『예기』·『의례』의 삼례(三禮) 등은 그가 중국 학술 문화에 끼친 공로를 분명히 알려준다. 이는 한자의 사용을 바탕으로 이루어진 위대한 업적이다. 이들 경전들은 모두 주공에 의하여 이루어져 발전한 중국문화와 학술의 바탕을 이루는 전적들이다. 『시경』에는 국풍(國風) 중의 빈풍(豳風) 7편을 비롯하여 아(雅)와 송(頌)

중에도 주공의 작품이 여러 편 있고, 주공과 연관이 있는 작품은 더욱 많다. 더구나 아와 송 중에는 문왕(文王)의 덕을 칭송하는 작품이 많은데 모두 주공이 지었을 가능성이 높다. 곧 『시경』은 주공에 의하여 완전한 형태로 편집된 것이라 할 수 있다. 『서경』의 경우도 마찬가지이다. 『서경』은 하·상·주 삼대의 사관(史官)의 기록을 편찬한 것이라 하는데, 최근 고증학자들의 연구 결과에 의하면, 그중 주서(周書)의 「대고(大誥)」로부터 「고명(顧命)」에 이르는 12편이 가장 빠른 서주(西周) 때에 쓰인 글이고 그 밖의 상서(尙書) 이전의 기록들은 모두 서주 이후에 쓰인 글이라는 것이다. 이들 12편 모두가 주공이 쓴 글이거나 적어도 주공과 밀접한 관련이 있는 글이다. 그 밖에 주공이 지은 글로 「금등(金縢)」편도 있고, 주공과 직접적인 연관이 있는 글들이 여러 편 있다. 역시 『서경』도 주공에 의하여 완성된 경전이라고 보아야 한다. 『역경』의 효사(爻辭)는 주공의 작품이라 믿는 학자들이 많다. 괘사(卦辭)와 함께 효사도 문왕의 작품이라 주장하는 학자들이 있지만, 그것은 주공이 아버지 문왕의 업적을 크게 내세우려는 데서 그렇게 된 것이다. 『시경』에도 문왕과 관련된 작품이 많고, 『서경』에는 상서(商書)에 문왕의 활동으로 「서백감려(西伯戡黎)」편이 있는 것도 모두 그 덕분이다. 예경은 『주례』가 주공의 작품이라는 것은 거의 모두가 인정하는 사실이고, 『예기』와 『의례』도 주공의 작품이 바탕을 이루고 있음에는 이의가 없다. 이러한 사실은 주공이 바로 중국 학술의 기반을 마련한 인물이라 해도 지나친 표현이 아니다. 그리고 주공이 은나라 갑골문자를 가져다가 한자로 개발할 때 첫 단계로 진행시킨 작업이 이 경전들의 정리 편찬 작업이었다고 여겨진다. 이 경전들이 이루어졌기에 한자가 이후로 중국에서 상용되게 된 것이다.

주공이야말로 대중국이 이루어지고 또 그 문화와 학술이 발전하는 기반을 마련해 놓은 위대한 인물이다.